全国普法学习读本
★ ★ ★ ★ ★

>>>>> **保护草原法律法规学习读本** <<<<<

# 草原管理法律法规

加大全民普法力度，建设社会主义法治文化，树立宪法法律
至上、法律面前人人平等的法治理念。
——中国共产党第十九次全国代表大会《决胜全面建
成小康社会 夺取新时代中国特色社会主义伟大胜利》

王金锋 主编

汕头大学出版社

**图书在版编目（CIP）数据**

草原管理法律法规／王金锋主编. -- 汕头：汕头
大学出版社（2021.7重印）
（保护草原法律法规学习读本）
ISBN 978-7-5658-3516-2

Ⅰ.①草… Ⅱ.①王… Ⅲ.①草原法–中国–学习参
考资料 Ⅳ.①D922.644

中国版本图书馆 CIP 数据核字（2018）第 035123 号

草原管理法律法规　　　　　CAOYUAN GUANLI FALÜ FAGUI

主　　编：王金锋
责任编辑：邹　峰
责任技编：黄东生
封面设计：大华文苑
出版发行：汕头大学出版社
　　　　　广东省汕头市大学路 243 号汕头大学校园内　邮政编码：515063
电　　话：0754-82904613
印　　刷：三河市南阳印刷有限公司
开　　本：690mm×960mm 1/16
印　　张：18
字　　数：226 千字
版　　次：2018 年 5 月第 1 版
印　　次：2021 年 7 月第 2 次印刷
定　　价：59.60 元（全 2 册）
ISBN 978-7-5658-3516-2

# 前　言

习近平总书记指出："推进全民守法，必须着力增强全民法治观念。要坚持把全民普法和守法作为依法治国的长期基础性工作，采取有力措施加强法制宣传教育。要坚持法治教育从娃娃抓起，把法治教育纳入国民教育体系和精神文明创建内容，由易到难、循序渐进不断增强青少年的规则意识。要健全公民和组织守法信用记录，完善守法诚信褒奖机制和违法失信行为惩戒机制，形成守法光荣、违法可耻的社会氛围，使遵法守法成为全体人民共同追求和自觉行动。"

中共中央、国务院曾经转发了中央宣传部、司法部关于在公民中开展法治宣传教育的规划，并发出通知，要求各地区各部门结合实际认真贯彻执行。通知指出，全民普法和守法是依法治国的长期基础性工作。深入开展法治宣传教育，是全面建成小康社会和新农村的重要保障。

普法规划指出：各地区各部门要根据实际需要，从不同群体的特点出发，因地制宜开展有特色的法治宣传教育坚持集中法治宣传教育与经常性法治宣传教育相结合，深化法律进机关、进乡村、进社区、进学校、进企业、进单位的"法律六进"主题活动，完善工作标准，建立长效机制。

特别是农业、农村和农民问题，始终是关系党和人民事业发展的全局性和根本性问题。党中央、国务院发布的《关于推进社会主义新农村建设的若干意见》中明确提出要"加强农村法制建设，深入开展农村普法教育，增强农民的法制观念，提高农民依法行使权利和履行义务的自觉性。"多年普法实践证明，普及法律知识，提高法制观念，增强全社会依法办事意识具有重要作用。特别是在广大农村进行普法教育，是提高全民法律素质的需要。

多年来，我国在农村实行的改革开放取得了极大成功，农村发生了翻天覆地的变化，广大农民生活水平大大得到了提高。但是，由于历史和社会等原因，现阶段我国一些地区农民文化素质还不高，不学法、不懂法、不守法现象虽然较原来有所改变，但仍有相当一部分群众的法制观念仍很淡化，不懂、不愿借助法律来保护自身权益，这就极易受到不法的侵害，或极易进行违法犯罪活动，严重阻碍了全面建成小康社会和新农村步伐。

为此，根据党和政府的指示精神以及普法规划，特别是根据广大农村农民的现状，在有关部门和专家的指导下，特别编辑了这套《全国普法学习读本》。主要包括了广大人民群众应知应懂、实际实用的法律法规。为了辅导学习，附录还收入了相应法律法规的条例准则、实施细则、解读解答、案例分析等；同时为了突出法律法规的实际实用特点，兼顾地方性和特殊性，附录还收入了部分某些地方性法律法规以及非法律法规的政策文件、管理制度、应用表格等内容，拓展了本书的知识范围，使法律法规更"接地气"，便于读者学习掌握和实际应用。

在众多法律法规中，我们通过甄别，淘汰了废止的，精选了最新的、权威的和全面的。但有部分法律法规有些条款不适应当下情况了，却没有颁布新的，我们又不能擅自改动，只得保留原有条款，但附录却有相应的补充修改意见或通知等。众多法律法规根据不同内容和受众特点，经过归类组合，优化配套。整套普法读本非常全面系统，具有很强的学习性、实用性和指导性，非常适合用于广大农村和城乡普法学习教育与实践指导。总之，是全国全民普法的良好读本。

# 目　录

## 中华人民共和国草原法

## 内蒙古自治区基本草原保护条例

# 草原防火条例

# 中华人民共和国草原法

中华人民共和国主席令

第五号

《全国人民代表大会常务委员会关于修改〈中华人民共和国文物保护法〉等十二部法律的决定》已由中华人民共和国第十二届全国人民代表大会常务委员会第三次会议于 2013 年 6 月 29 日通过，现予公布，自公布之日起施行。

中华人民共和国主席 习近平

2013 年 6 月 29 日

（1985 年 6 月 18 日第六届全国人民代表大会常务委员会第十一次会议通过；根据 2002 年 12 月 28 日第九届全国人民代表大会常务委员会第三十一次会议修订；根据 2009 年 8 月 27 日第十一届全国人民代表大会常务委员会第十次会议《关于修改部分法律的决定》第一次修正；根据 2013 年 6 月 29 日第十二届全国人民代表大会常务委员会

第三次会议《关于修改〈中华人民共和国文物保护法〉等十二部法律的决定》第二次修正)

# 第一章 总 则

**第一条** 为了保护、建设和合理利用草原，改善生态环境，维护生物多样性，发展现代畜牧业，促进经济和社会的可持续发展，制定本法。

**第二条** 在中华人民共和国领域内从事草原规划、保护、建设、利用和管理活动，适用本法。

本法所称草原，是指天然草原和人工草地。

**第三条** 国家对草原实行科学规划、全面保护、重点建设、合理利用的方针，促进草原的可持续利用和生态、经济、社会的协调发展。

**第四条** 各级人民政府应当加强对草原保护、建设和利用的管理，将草原的保护、建设和利用纳入国民经济和社会发展计划。

各级人民政府应当加强保护、建设和合理利用草原的宣传教育。

**第五条** 任何单位和个人都有遵守草原法律法规、保护草原的义务，同时享有对违反草原法律法规、破坏草原的行为进行监督、检举和控告的权利。

**第六条** 国家鼓励与支持开展草原保护、建设、利用和监测方面的科学研究，推广先进技术和先进成果，培养科学技术人才。

**第七条** 国家对在草原管理、保护、建设、合理利用和科学研究等工作中做出显著成绩的单位和个人，给予奖励。

**第八条** 国务院草原行政主管部门主管全国草原监督管理工作。

县级以上地方人民政府草原行政主管部门主管本行政区域内草原监督管理工作。

乡（镇）人民政府应当加强对本行政区域内草原保护、建设和利用情况的监督检查，根据需要可以设专职或者兼职人员负责具体监督检查工作。

# 第二章　草原权属

**第九条**　草原属于国家所有，由法律规定属于集体所有的除外。国家所有的草原，由国务院代表国家行使所有权。

任何单位或者个人不得侵占、买卖或者以其他形式非法转让草原。

**第十条**　国家所有的草原，可以依法确定给全民所有制单位、集体经济组织等使用。

使用草原的单位，应当履行保护、建设和合理利用草原的义务。

**第十一条**　依法确定给全民所有制单位、集体经济组织等使用的国家所有的草原，由县级以上人民政府登记，核发使用权证，确认草原使用权。

未确定使用权的国家所有的草原，由县级以上人民政府登记造册，并负责保护管理。

集体所有的草原，由县级人民政府登记，核发所有权证，确认草原所有权。

依法改变草原权属的，应当办理草原权属变更登记手续。

**第十二条**　依法登记的草原所有权和使用权受法律保护，任何单位或者个人不得侵犯。

**第十三条** 集体所有的草原或者依法确定给集体经济组织使用的国家所有的草原，可以由本集体经济组织内的家庭或者联户承包经营。

在草原承包经营期内，不得对承包经营者使用的草原进行调整；个别确需适当调整的，必须经本集体经济组织成员的村（牧）民会议三分之二以上成员或者三分之二以上村（牧）民代表的同意，并报乡（镇）人民政府和县级人民政府草原行政主管部门批准。

集体所有的草原或者依法确定给集体经济组织使用的国家所有的草原由本集体经济组织以外的单位或者个人承包经营的，必须经本集体经济组织成员的村（牧）民会议三分之二以上成员或者三分之二以上村（牧）民代表的同意，并报乡（镇）人民政府批准。

**第十四条** 承包经营草原，发包方和承包方应当签订书面合同。草原承包合同的内容应当包括双方的权利和义务、承包草原四至界限、面积和等级、承包期和起止日期、承包草原用途和违约责任等。承包期届满，原承包经营者在同等条件下享有优先承包权。

承包经营草原的单位和个人，应当履行保护、建设和按照承包合同约定的用途合理利用草原的义务。

**第十五条** 草原承包经营权受法律保护，可以按照自愿、有偿的原则依法转让。

草原承包经营权转让的受让方必须具有从事畜牧业生产的能力，并应当履行保护、建设和按照承包合同约定的用途合理利用草原的义务。

草原承包经营权转让应当经发包方同意。承包方与受让方在转让合同中约定的转让期限，不得超过原承包合同剩余的期限。

**第十六条** 草原所有权、使用权的争议，由当事人协商解决；

协商不成的，由有关人民政府处理。

单位之间的争议，由县级以上人民政府处理；个人之间、个人与单位之间的争议，由乡（镇）人民政府或者县级以上人民政府处理。

当事人对有关人民政府的处理决定不服的，可以依法向人民法院起诉。

在草原权属争议解决前，任何一方不得改变草原利用现状，不得破坏草原和草原上的设施。

# 第三章　规　划

**第十七条**　国家对草原保护、建设、利用实行统一规划制度。国务院草原行政主管部门会同国务院有关部门编制全国草原保护、建设、利用规划，报国务院批准后实施。

县级以上地方人民政府草原行政主管部门会同同级有关部门依据上一级草原保护、建设、利用规划编制本行政区域的草原保护、建设、利用规划，报本级人民政府批准后实施。

经批准的草原保护、建设、利用规划确需调整或者修改时，须经原批准机关批准。

**第十八条**　编制草原保护、建设、利用规划，应当依据国民经济和社会发展规划并遵循下列原则：

（一）改善生态环境，维护生物多样性，促进草原的可持续利用；

（二）以现有草原为基础，因地制宜，统筹规划，分类指导；

（三）保护为主、加强建设、分批改良、合理利用；

（四）生态效益、经济效益、社会效益相结合。

第十九条　草原保护、建设、利用规划应当包括：草原保护、建设、利用的目标和措施，草原功能分区和各项建设的总体部署，各项专业规划等。

第二十条　草原保护、建设、利用规划应当与土地利用总体规划相衔接，与环境保护规划、水土保持规划、防沙治沙规划、水资源规划、林业长远规划、城市总体规划、村庄和集镇规划以及其他有关规划相协调。

第二十一条　草原保护、建设、利用规划一经批准，必须严格执行。

第二十二条　国家建立草原调查制度。

县级以上人民政府草原行政主管部门会同同级有关部门定期进行草原调查；草原所有者或者使用者应当支持、配合调查，并提供有关资料。

第二十三条　国务院草原行政主管部门会同国务院有关部门制定全国草原等级评定标准。

县级以上人民政府草原行政主管部门根据草原调查结果、草原的质量，依据草原等级评定标准，对草原进行评等定级。

第二十四条　国家建立草原统计制度。

县级以上人民政府草原行政主管部门和同级统计部门共同制定草原统计调查办法，依法对草原的面积、等级、产草量、载畜量等进行统计，定期发布草原统计资料。

草原统计资料是各级人民政府编制草原保护、建设、利用规划的依据。

第二十五条　国家建立草原生产、生态监测预警系统。

县级以上人民政府草原行政主管部门对草原的面积、等级、植被构成、生产能力、自然灾害、生物灾害等草原基本状况实行动态监测，及时为本级政府和有关部门提供动态监测和预警信息服务。

# 第四章 建 设

**第二十六条** 县级以上人民政府应当增加草原建设的投入，支持草原建设。

国家鼓励单位和个人投资建设草原，按照谁投资、谁受益的原则保护草原投资建设者的合法权益。

**第二十七条** 国家鼓励与支持人工草地建设、天然草原改良和饲草饲料基地建设，稳定和提高草原生产能力。

**第二十八条** 县级以上人民政府应当支持、鼓励和引导农牧民开展草原围栏、饲草饲料储备、牲畜圈舍、牧民定居点等生产生活设施的建设。

县级以上地方人民政府应当支持草原水利设施建设，发展草原节水灌溉，改善人畜饮水条件。

**第二十九条** 县级以上人民政府应当按照草原保护、建设、利用规划加强草种基地建设，鼓励选育、引进、推广优良草品种。

新草品种必须经全国草品种审定委员会审定，由国务院草原行政主管部门公告后方可推广。从境外引进草种必须依法进行审批。

县级以上人民政府草原行政主管部门应当依法加强对草种生产、加工、检疫、检验的监督管理，保证草种质量。

**第三十条** 县级以上人民政府应当有计划地进行火情监测、防火物资储备、防火隔离带等草原防火设施的建设，确保防火需要。

**第三十一条** 对退化、沙化、盐碱化、石漠化和水土流失的草原，地方各级人民政府应当按照草原保护、建设、利用规划，划定治理区，组织专项治理。

大规模的草原综合治理，列入国家国土整治计划。

**第三十二条** 县级以上人民政府应当根据草原保护、建设、利用规划，在本级国民经济和社会发展计划中安排资金用于草原改良、人工种草和草种生产，任何单位或者个人不得截留、挪用；县级以上人民政府财政部门和审计部门应当加强监督管理。

# 第五章　利　用

**第三十三条** 草原承包经营者应当合理利用草原，不得超过草原行政主管部门核定的载畜量；草原承包经营者应当采取种植和储备饲草饲料、增加饲草饲料供应量、调剂处理牲畜、优化畜群结构、提高出栏率等措施，保持草畜平衡。

草原载畜量标准和草畜平衡管理办法由国务院草原行政主管部门规定。

**第三十四条** 牧区的草原承包经营者应当实行划区轮牧，合理配置畜群，均衡利用草原。

**第三十五条** 国家提倡在农区、半农半牧区和有条件的牧区实行牲畜圈养。草原承包经营者应当按照饲养牲畜的种类和数量，调剂、储备饲草饲料，采用青贮和饲草饲料加工等新技术，逐步改变依赖天然草地放牧的生产方式。

在草原禁牧、休牧、轮牧区，国家对实行舍饲圈养的给予粮食和资金补助，具体办法由国务院或者国务院授权的有关部门规定。

**第三十六条** 县级以上地方人民政府草原行政主管部门对割草场和野生草种基地应当规定合理的割草期、采种期以及留茬高度和采割强度，实行轮割轮采。

**第三十七条** 遇到自然灾害等特殊情况，需要临时调剂使用草原的，按照自愿互利的原则，由双方协商解决；需要跨县临时调剂使用草原的，由有关县级人民政府或者共同的上级人民政府组织协商解决。

**第三十八条** 进行矿藏开采和工程建设，应当不占或者少占草原；确需征收、征用或者使用草原的，必须经省级以上人民政府草原行政主管部门审核同意后，依照有关土地管理的法律、行政法规办理建设用地审批手续。

**第三十九条** 因建设征收、征用集体所有的草原的，应当依照《中华人民共和国土地管理法》的规定给予补偿；因建设使用国家所有的草原的，应当依照国务院有关规定对草原承包经营者给予补偿。

因建设征收、征用或者使用草原的，应当交纳草原植被恢复费。草原植被恢复费专款专用，由草原行政主管部门按照规定用于恢复草原植被，任何单位和个人不得截留、挪用。草原植被恢复费的征收、使用和管理办法，由国务院价格主管部门和国务院财政部门会同国务院草原行政主管部门制定。

**第四十条** 需要临时占用草原的，应当经县级以上地方人民政府草原行政主管部门审核同意。

临时占用草原的期限不得超过二年，并不得在临时占用的草原上修建永久性建筑物、构筑物；占用期满，用地单位必须恢复草原植被并及时退还。

**第四十一条** 在草原上修建直接为草原保护和畜牧业生产服务的工程设施，需要使用草原的，由县级以上人民政府草原行政主管部门批准；修筑其他工程，需要将草原转为非畜牧业生产用地的，必须依法办理建设用地审批手续。

前款所称直接为草原保护和畜牧业生产服务的工程设施，是指：

（一）生产、贮存草种和饲草饲料的设施；

（二）牲畜圈舍、配种点、剪毛点、药浴池、人畜饮水设施；

（三）科研、试验、示范基地；

（四）草原防火和灌溉设施。

# 第六章　保　护

**第四十二条**　国家实行基本草原保护制度。下列草原应当划为基本草原，实施严格管理：

（一）重要放牧场；

（二）割草地；

（三）用于畜牧业生产的人工草地、退耕还草地以及改良草地、草种基地；

（四）对调节气候、涵养水源、保持水土、防风固沙具有特殊作用的草原；

（五）作为国家重点保护野生动植物生存环境的草原；

（六）草原科研、教学试验基地；

（七）国务院规定应当划为基本草原的其他草原。

基本草原的保护管理办法，由国务院制定。

**第四十三条**　国务院草原行政主管部门或者省、自治区、直辖市人民政府可以按照自然保护区管理的有关规定在下列地区建立草原自然保护区：

（一）具有代表性的草原类型；

（二）珍稀濒危野生动植物分布区；

（三）具有重要生态功能和经济科研价值的草原。

**第四十四条** 县级以上人民政府应当依法加强对草原珍稀濒危野生植物和种质资源的保护、管理。

**第四十五条** 国家对草原实行以草定畜、草畜平衡制度。县级以上地方人民政府草原行政主管部门应当按照国务院草原行政主管部门制定的草原载畜量标准，结合当地实际情况，定期核定草原载畜量。各级人民政府应当采取有效措施，防止超载过牧。

**第四十六条** 禁止开垦草原。对水土流失严重、有沙化趋势、需要改善生态环境的已垦草原，应当有计划、有步骤地退耕还草；已造成沙化、盐碱化、石漠化的，应当限期治理。

**第四十七条** 对严重退化、沙化、盐碱化、石漠化的草原和生态脆弱区的草原，实行禁牧、休牧制度。

**第四十八条** 国家支持依法实行退耕还草和禁牧、休牧。具体办法由国务院或者省、自治区、直辖市人民政府制定。

对在国务院批准规划范围内实施退耕还草的农牧民，按照国家规定给予粮食、现金、草种费补助。退耕还草完成后，由县级以上人民政府草原行政主管部门核实登记，依法履行土地用途变更手续，发放草原权属证书。

**第四十九条** 禁止在荒漠、半荒漠和严重退化、沙化、盐碱化、石漠化、水土流失的草原以及生态脆弱区的草原上采挖植物和从事破坏草原植被的其他活动。

**第五十条** 在草原上从事采土、采砂、采石等作业活动，应当报县级人民政府草原行政主管部门批准；开采矿产资源的，并应当依法办理有关手续。

经批准在草原上从事本条第一款所列活动的，应当在规定的时间、区域内，按照准许的采挖方式作业，并采取保护草原植被的措施。

在他人使用的草原上从事本条第一款所列活动的，还应当事先征得草原使用者的同意。

**第五十一条** 在草原上种植牧草或者饲料作物，应当符合草原保护、建设、利用规划；县级以上地方人民政府草原行政主管部门应当加强监督管理，防止草原沙化和水土流失。

**第五十二条** 在草原上开展经营性旅游活动，应当符合有关草原保护、建设、利用规划，并事先征得县级以上地方人民政府草原行政主管部门的同意，方可办理有关手续。

在草原上开展经营性旅游活动，不得侵犯草原所有者、使用者和承包经营者的合法权益，不得破坏草原植被。

**第五十三条** 草原防火工作贯彻预防为主、防消结合的方针。

各级人民政府应当建立草原防火责任制，规定草原防火期，制定草原防火扑火预案，切实做好草原火灾的预防和扑救工作。

**第五十四条** 县级以上地方人民政府应当做好草原鼠害、病虫害和毒害草防治的组织管理工作。县级以上地方人民政府草原行政主管部门应当采取措施，加强草原鼠害、病虫害和毒害草监测预警、调查以及防治工作，组织研究和推广综合防治的办法。

禁止在草原上使用剧毒、高残留以及可能导致二次中毒的农药。

**第五十五条** 除抢险救灾和牧民搬迁的机动车辆外，禁止机动车辆离开道路在草原上行驶，破坏草原植被；因从事地质勘探、科学考察等活动确需离开道路在草原上行驶的，应当事先向所在地县级人民政府草原行政主管部门报告行驶区域和行驶路线，并按照报告的行驶区域和行驶路线在草原上行驶。

# 第七章 监督检查

**第五十六条** 国务院草原行政主管部门和草原面积较大的省、自治区的县级以上地方人民政府草原行政主管部门设立草原监督管理机构，负责草原法律、法规执行情况的监督检查，对违反草原法律、法规的行为进行查处。

草原行政主管部门和草原监督管理机构应当加强执法队伍建设，提高草原监督检查人员的政治、业务素质。草原监督检查人员应当忠于职守，秉公执法。

**第五十七条** 草原监督检查人员履行监督检查职责时，有权采取下列措施：

（一）要求被检查单位或者个人提供有关草原权属的文件和资料，进行查阅或者复制；

（二）要求被检查单位或者个人对草原权属等问题作出说明；

（三）进入违法现场进行拍照、摄像和勘测；

（四）责令被检查单位或者个人停止违反草原法律、法规的行为，履行法定义务。

**第五十八条** 国务院草原行政主管部门和省、自治区、直辖市人民政府草原行政主管部门，应当加强对草原监督检查人员的培训和考核。

**第五十九条** 有关单位和个人对草原监督检查人员的监督检查工作应当给予支持、配合，不得拒绝或者阻碍草原监督检查人员依法执行职务。

草原监督检查人员在履行监督检查职责时，应当向被检查单位和个人出示执法证件。

第六十条 对违反草原法律、法规的行为，应当依法作出行政处理，有关草原行政主管部门不作出行政处理决定的，上级草原行政主管部门有权责令有关草原行政主管部门作出行政处理决定或者直接作出行政处理决定。

# 第八章 法律责任

第六十一条 草原行政主管部门工作人员及其他国家机关有关工作人员玩忽职守、滥用职权，不依法履行监督管理职责，或者发现违法行为不予查处，造成严重后果，构成犯罪的，依法追究刑事责任；尚不够刑事处罚的，依法给予行政处分。

第六十二条 截留、挪用草原改良、人工种草和草种生产资金或者草原植被恢复费，构成犯罪的，依法追究刑事责任；尚不够刑事处罚的，依法给予行政处分。

第六十三条 无权批准征收、征用、使用草原的单位或者个人非法批准征收、征用、使用草原的，超越批准权限非法批准征收、征用、使用草原的，或者违反法律规定的程序批准征收、征用、使用草原，构成犯罪的，依法追究刑事责任；尚不够刑事处罚的，依法给予行政处分。非法批准征收、征用、使用草原的文件无效。非法批准征收、征用、使用的草原应当收回，当事人拒不归还的，以非法使用草原论处。

非法批准征收、征用、使用草原，给当事人造成损失的，依法承担赔偿责任。

第六十四条 买卖或者以其他形式非法转让草原，构成犯罪的，依法追究刑事责任；尚不够刑事处罚的，由县级以上人民政府草原行政主管部门依据职权责令限期改正，没收违法所得，并处违法所得一倍以上五倍以下的罚款。

**第六十五条** 未经批准或者采取欺骗手段骗取批准，非法使用草原，构成犯罪的，依法追究刑事责任；尚不够刑事处罚的，由县级以上人民政府草原行政主管部门依据职权责令退还非法使用的草原，对违反草原保护、建设、利用规划擅自将草原改为建设用地的，限期拆除在非法使用的草原上新建的建筑物和其他设施，恢复草原植被，并处草原被非法使用前三年平均产值六倍以上十二倍以下的罚款。

**第六十六条** 非法开垦草原，构成犯罪的，依法追究刑事责任；尚不够刑事处罚的，由县级以上人民政府草原行政主管部门依据职权责令停止违法行为，限期恢复植被，没收非法财物和违法所得，并处违法所得一倍以上五倍以下的罚款；没有违法所得的，并处五万元以下的罚款；给草原所有者或者使用者造成损失的，依法承担赔偿责任。

**第六十七条** 在荒漠、半荒漠和严重退化、沙化、盐碱化、石漠化、水土流失的草原，以及生态脆弱区的草原上采挖植物或者从事破坏草原植被的其他活动的，由县级以上地方人民政府草原行政主管部门依据职权责令停止违法行为，没收非法财物和违法所得，可以并处违法所得一倍以上五倍以下的罚款；没有违法所得的，可以并处五万元以下的罚款；给草原所有者或者使用者造成损失的，依法承担赔偿责任。

**第六十八条** 未经批准或者未按照规定的时间、区域和采挖方式在草原上进行采土、采砂、采石等活动的，由县级人民政府草原行政主管部门责令停止违法行为，限期恢复植被，没收非法财物和违法所得，可以并处违法所得一倍以上二倍以下的罚款；没有违法所得的，可以并处二万元以下的罚款；给草原所有者或者使用者造成损失的，依法承担赔偿责任。

**第六十九条** 违反本法第五十二条规定，擅自在草原上开展经营性旅游活动，破坏草原植被的，由县级以上地方人民政府草原行政主管部门依据职权责令停止违法行为，限期恢复植被，没收违法所得，可以并处违法所得一倍以上二倍以下的罚款；没有违法所得的，可以并处草原被破坏前三年平均产值六倍以上十二倍以下的罚款；给草原所有者或者使用者造成损失的，依法承担赔偿责任。

**第七十条** 非抢险救灾和牧民搬迁的机动车辆离开道路在草原上行驶，或者从事地质勘探、科学考察等活动，未事先向所在地县级人民政府草原行政主管部门报告或者未按照报告的行驶区域和行驶路线在草原上行驶，破坏草原植被的，由县级人民政府草原行政主管部门责令停止违法行为，限期恢复植被，可以并处草原被破坏前三年平均产值三倍以上九倍以下的罚款；给草原所有者或者使用者造成损失的，依法承担赔偿责任。

**第七十一条** 在临时占用的草原上修建永久性建筑物、构筑物的，由县级以上地方人民政府草原行政主管部门依据职权责令限期拆除；逾期不拆除的，依法强制拆除，所需费用由违法者承担。

临时占用草原，占用期届满，用地单位不予恢复草原植被的，由县级以上地方人民政府草原行政主管部门依据职权责令限期恢复；逾期不恢复的，由县级以上地方人民政府草原行政主管部门代为恢复，所需费用由违法者承担。

**第七十二条** 未经批准，擅自改变草原保护、建设、利用规划的，由县级以上人民政府责令限期改正；对直接负责的主管人员和其他直接责任人员，依法给予行政处分。

**第七十三条** 对违反本法有关草畜平衡制度的规定，牲畜饲养量超过县级以上地方人民政府草原行政主管部门核定的草原载畜量标准的纠正或者处罚措施，由省、自治区、直辖市人民代表大会或者其常务委员会规定。

# 第九章　附　则

**第七十四条**　本法第二条第二款中所称的天然草原包括草地、草山和草坡，人工草地包括改良草地和退耕还草地，不包括城镇草地。

**第七十五条**　本法自 2003 年 3 月 1 日起施行。

# 附　录

## 全国草原保护建设利用"十三五"规划

农业部关于印发《全国草原保护建设
利用"十三五"规划》的通知

农牧发〔2016〕16 号

各省（自治区、直辖市）畜牧（农牧、农业）厅（局、
委、办），新疆生产建设兵团畜牧兽医局：

为切实做好"十三五"时期草原保护建设利用工作，
加快草原生态改善，推进草牧业发展，我部组织制定了
《全国草原保护建设利用"十三五"规划》，现印发给你
们，请结合本地实际，认真组织实施。

中华人民共和国农业部

2016 年 12 月 30 日

草原是我国陆地面积最大的绿色生态系统，是最重要的自然资
源之一，也是牧区牧民群众最基础的生产生活资料。加强草原保护
建设利用，是推进生态文明建设、实现绿色发展、保障国家生态安
全的重要任务，也是精准扶贫、改善民生和建设美丽中国的重要举

措。为切实做好"十三五"时期草原保护建设利用工作，依据《中华人民共和国国民经济发展和社会发展第十三个五年规划纲要》《中共中央国务院关于加快推进生态文明建设的意见》《生态文明体制改革总体方案》《草原法》和《全国草原保护建设利用总体规划》，编制本规划。

一、草原保护建设利用"十二五"成效显著 "十二五"时期，国家出台了草原生态保护补助奖励机制，完善了草原保护建设重大工程措施，推进建立了草原保护建设利用政策体系。可以说，这五年是我国草原生态保护建设力度最大的时期，是草原畜牧业转型发展最快的时期，也是牧民收入增加最多的时期，草原生态、牧业生产和牧民生活发生可喜变化。主要表现在以下六个方面。

一是草原各项制度加快落实。在草原生态保护补助奖励等政策的推动下，草原承包、基本草原保护、草畜平衡、禁牧休牧等各项制度落实步伐明显加快。"十二五"期末，全国累计承包草原43.7亿亩，占全国草原面积的72.8%，较2010年增加8.5亿亩；累计落实禁牧休牧轮牧面积24亿亩，较2010年增加7.7亿亩；落实草畜平衡面积25.6亿亩，划定基本草原35.4亿亩，均较"十一五"期末大幅增加。

二是草原生态加快恢复。2015年，全国重点天然草原牲畜超载率为13.5%，较2010年下降了16.5个百分点。全国草原综合植被盖度为54%，连续5年保持在50%以上。全国天然草原鲜草总产量10.28亿吨，连续5年超过10亿吨。草原生物多样性不断丰富，固碳储氮、涵养水源能力明显增强。

三是草原畜牧业加快发展。13个草原牧区省份按照"以草定畜、增草增畜，舍饲圈养、依靠科技，加快出栏、保障供给"的思路，大力发展现代草原畜牧业。2015年，奶牛存栏100头以上、肉牛出栏 50 头以上、肉羊出栏 100 只以上的规模养殖比重分别达 42.8%、30.6%、43.0%，分别比 2010 年提高 18.7 个百分点、5.1 个百分点和 14.8 个百分点。牛、羊肉、奶类和羊毛羊绒产量分别达 407 万吨、303 万吨、2694 万吨和 44.4 万吨，分别比 2010 年增加 7.6%、10.6%、2.3% 和 10.2%。

四是牧民收入稳定增长。草原生态保护补助奖励政策充分考虑牧民生产生活协调发展问题，通过中央财政对牧民直接补贴和生产性扶持等措施，调动农牧民保护草原和发展生产的积极性，在保护生态的基础上，确保持续稳定增收。2015 年，牧区半牧区县农牧民人均纯收入 8078 元，较 2010 年增长 79.7%。其中，牧业收入从 2010 年人均 2120.7 元增加到 2015 年 3685.5 元。

五是草牧业发展稳步推进。2015 年中央 1 号文件明确提出要"加快发展草牧业"。各方积极响应和落实中央部署，扎实推进草牧业发展各项工作，取得显著成效。2015 年，优质苜蓿种植面积达 300 万亩，草产品加工企业达 532 家，秸秆饲用量达到 2 亿吨；以草原畜牧业为主营业务的农业产业化国家重点龙头企业 64 家，占畜牧业龙头企业总数的 11%。

六是防灾减灾能力明显提升。通过安排草原防火物资储备库项目、草原鼠虫害防治项目和抗灾救灾资金等，不断加强防灾减灾基础设施建设，草原防灾减灾能力明显提升。草原火灾 24 小时扑灭率稳定在 90% 以上，草原火灾受害率与重特大草原火灾发生率控制在 3‰ 与 3% 以内；生物防治比例逐年攀升，草原鼠害、虫害生物防治比例分别达到 80% 和 50%；抵御草原雪灾和旱灾的能力显著增强。

二、草原保护建设利用面临的机遇和挑战

"十三五"时期，我国草原保护建设利用迎来难得的历史机遇。

一是大力推进生态文明建设为草原生态保护带来新机遇。以习近平同志为核心的党中央高度重视生态文明建设，将建设生态文明提升到"关系人民福祉、关乎民族未来"的高度。草原作为陆地生态系统的主体，在推进生态文明、建设美丽中国过程中大有可为。二是人民对美好环境的期待为草原政策的稳定完善注入新动力。习近平同志始终强调，人民对美好生活的向往，就是我们的奋斗目标。对广大农牧民群众来说，"碧草蓝天""腰包鼓鼓"就是大家期盼所在。草原生态生产功能兼备，对实现牧民过上美好生活的目标具有重要作用。三是深入推进农业结构调整为促进草牧业发展开辟新途径。推进农业供给侧结构性改革，加快转变农业发展方式，构建粮经饲统筹、农林牧渔结合、种养加一体、一二三产业融合发展格局，对草牧业发展提出了更高的要求。农牧结合、草田轮作，既可以改良土壤，充分发挥各类土地的生产潜能，又可以有效增加草食畜产品供给，已成为农业生产结构调整的重要内容和保障国家粮食安全的重要途径。

同时，必须清醒的认识到，"十三五"时期草原保护建设工作也将面临不少困难挑战。一是提升草原资源管理利用水平任务艰巨。我国是草原面积大国，但不是草原资源利用强国，在利用方式、承载力水平、管理方式等方面距国际先进水平存在较大差距。我国北方天然草原平均每50亩才能承载一个羊单位，改良后平均8亩承载一个羊单位，与一些发达国家的先进水平相比仍有较大差距。二是巩固草原生态环境建设成果任务艰巨。目前，全国草原生态总体恶化局面尚未根本扭转，中度和重度退化面积仍占1/3以上，草原生态仍很脆弱。随着工业化、城镇化的推进，草原资源和环境承受的压力将越来越大，巩固保护草原生态建设成果任务依然艰巨。三是推动草原畜牧业转型升级任务艰巨。长期以来，牧区牲畜暖棚、青贮窖池、储草棚库等畜牧业生产设施建设投入严重不足，产业转型缓慢，生产效率低下。草原畜牧业作为农牧民收入的主要来源，发展面临缺草料和低水平两只"拦路虎"。四是草原灾害防控任务艰巨。近年来，受全球气候变化异常影响，我国主要草原区高温、干旱、暴风雪等极端天气增多，病、虫、鼠害发生日趋频繁。严重威胁到草原生态安全，影响草原畜牧业生产和牧民增收，成为制约草原地区特别是牧区经济社会持续健康发展的瓶颈。五是南方草原确权任务艰巨。南方省区承包草原比例不足20%，甚至有个别省份尚未开展草原承包工作。部分南方省区对草原重要性认识不够，推进草原确权工作积极性不高。

三、加强草原保护建设利用的必要性

《中共中央关于制定国民经济和社会发展第十三个五年规划的建议》提出了全面建设小康社会新的目标要求和"创新、协调、绿色、开放、共享"的发展理念。加强草原保护建设利用，是实现"十三五"新目标和落实发展新理念的必然要求。

（一）加强草原保护建设利用是实现创新发展的生动实践

创新是发展的第一动力，是推进农业现代化的重要引领。加强草原保护建设利用，有助于实现从"生产功能为主"到"生产生态有机结合、生态优先"的理念创新，从散户为主的小农经济到合作社、现代家庭牧场等为主的经营方式创新，从草原畜牧业到草牧业的产业体系创新，是推动走粮经饲统筹、农林牧渔结合、种养加一体、一二三产业融合的农业现代化道路的重要实践。

（二）加强草原保护建设利用是实现协调发展的战略举措

草原多分布在边疆地区、少数民族地区和贫困地区。全国

70% 以上国家扶贫开发重点县、70% 的贫困人口、70% 以上少数民族人口分布在草原区，经济社会发展相对滞后。加强草原保护建设利用，发展特色优势产业，对于促进草原地区经济社会快速发展，巩固民族团结，维护边疆稳定，促进区域协调发展具有重要意义。

（三）加强草原保护建设利用是实现绿色发展的必然选择

绿色发展的理念要求为人民提供更多的优质生态产品，走生态良好的文明发展道路。我国草原面积约 60 亿亩，占国土面积的 2/5，具有涵养水源、保持土壤、防风固沙、固碳储氮、净化空气以及维护生物多样性等重要生态功能，是我国重要的生态屏障和生态文明建设的主战场。加强草原保护建设利用，恢复草原植被，改善草原生态，有助于提供更多优质生态产品，为走生态良好的文明道路奠定坚实基础。

（四）加强草原保护建设利用是实现开放发展的重要依托

开放是国家繁荣发展的必由之路。推进"一带一路"建设是构建对外开放新格局的重要战略。新疆、青海、甘肃、宁夏等草原省区是"一带一路"的重要节点。加强草原保护建设利用，与沿线国家开展草原防灾减灾、草原资源保护利用等生态环境保护重大项目合作，是推进"一带一路"战略的重要内容。同时，实施对外开放战略也需要积极承担国际责任和义务。加强草原保护建设利用，治理退化草原，也是应对气候变化的重要举措。

（五）加强草原保护建设利用是实现共享发展的有效途径

共享发展的理念强调，要使全体人民在共建共享发展中有更多获得感，实现全体人民共同迈入小康社会。草原地区贫困人口比较集中，农牧民收入与全国平均水平有较大差距，是实现全面小康的重点和难点。草原畜牧业收入是农牧民收入的主要来源，加强草原保护建设利用，可以有效推动草原地区生产方式和牧民生活方式转变，促进草牧业发展，拓宽农牧民增收渠道，增加农牧民收入，实现共同富裕和人与自然和谐健康发展的目标。

四、指导思想、基本原则和目标任务

（一）指导思想

全面贯彻党的十八大和十八届三中、四中、五中、六中全会精神，以邓小平理论、"三个代表"重要思想、科学发展观为指导，深入贯彻习近平总书记系列重要讲话精神，牢固树立"创新、协调、绿色、开放、共享"的发展理念，落实加快农业供给侧结构性改革的部署，坚持"生产生态有机结合、生态优先"的基本方针，建立草原分区治理体系，健全草原生态文明制度体系，完善草原政策项目体系，加快改善草原生态，积极推进草牧业发展，培育牧区发展新动能，推动形成草原地区生态改善、生产发展、农牧民富裕的良好局面。

（二）基本原则

一是保护优先，加快恢复。建立草原生态文明制度体系，落实好草原保护建设利用政策项目，让透支的草原得到休养生息，提高草原生态环境质量，为社会持续提供更优质的生态产品。

二是科学规划，分区治理。根据不同地区草原的特点，将全国草原划分为四大区域，有针对性地明确各区域的主攻方向和建设任务，分区域推进草原保护建设工作。

三是因地制宜，综合施策。立足各地区草原类型、生态环境特征、草牧业发展现状等客观实际，通过综合采取自然恢复、工程恢复等有针对性的对策措施，确保草原保护建设取得实效。

四是突出重点，分步实施。草原保护建设利用涉及的草原面积大、地区广、内容复杂，工作量比较大，需要突出重点，有计划、分步骤实施，形成以点带面、有序推进的工作格局。

（三）目标任务

到 2020 年，全国草原退化趋势得到有效遏制，草原生态明显改善，草原生产力稳步提升，草原科学利用水平不断提高，草原畜牧业因灾损失明显降低，草原基础设施建设得到强化，农牧业和经济结构进一步优化，草牧业发展取得新成效，农牧民收入不断提高。

——草原生态功能显著增强。全国草原综合植被盖度达到 56%，划定基本草原面积 36 亿亩，改良草原达到 9 亿亩。涵养水源和固碳储氮的能力明显提高。

——草原生产能力稳步提升。全国天然草原鲜草总产量达到 10.5 亿吨；人工种草保留面积达到 4.5 亿亩；牧草种子田面积稳定在 145 万亩，优质牧草良种繁育基地达到 35 个。

——草原科学利用水平不断强化。草原禁牧面积控制在 12 亿亩以内，休牧面积达到 19.44 亿亩，划区轮牧面积达到 4.2 亿亩。重点天然草原平均牲畜超载率不超过 10%，基本实现草畜平衡。县、乡、村三级草原管护体系明显增强。

——草原灾害防控能力明显提高。极高和高火险市（县）草原防火物资储备库（防火站）建设覆盖率达到 100%，草原火灾 24 小时扑灭率 95%，易灾区能繁母畜标准化暖棚建设率 60%；草原鼠虫害短期预报准确率达到 90% 以上，鼠害生物防治比例提高到 85%，虫害生物防治比例达到 60%。草原雪灾和旱灾防控能力得到提升。

——草原基础设施日益完善。全国累计草原围栏面积达到 22.5

亿亩，牧区新建牲畜棚圈、储草棚和青贮窖 100 万户，新建 50 个
草原自然保护区，续建 5 个草原自然保护区。

专栏 草原保护建设利用"十三五"主要目标

| 类别 | 指标 | 2015 年 | 2020 年 | 年均增速（累计） |
|---|---|---|---|---|
| 草原生态功能 | 全国草原综合植被盖度（%） | 54 | 56 | （2） |
| | 基本草原面积（亿亩） | 35.4 | 36 | （0.6） |
| | 改良草原面积（亿亩） | 2.8 | 9 | 26.3% |
| 草原生产能力 | 天然草原鲜草总产量（亿吨） | 10.28 | 10.5 | （0.22） |
| | 人工种草保留面积（亿亩） | 2.0 | 4.5 | 17.6% |
| | 牧草种子田面积（万亩） | 133 | 145 | （12） |
| | 优质牧草良种繁育基地 | 30 | 35 | （5） |
| 草原科学利用水平 | 草原禁牧面积（亿亩） | 15.8 | 12 | — |
| | 草原休牧面积（亿亩） | 7.0 | 19.44 | 22.7% |
| | 草原划区轮牧面积（亿亩） | 1.2 | 4.2 | 28.5% |
| | 重点天然草原平均牧畜超载率（%） | 13.5 | ≤10 | — |
| 草原灾害防控能力 | 极高和高火险市县防火物资库（防火站）覆盖率（%） | 50 | 100 | （50） |
| | 草原火灾 24 小时扑灭率（%） | 90 | 95 | （5） |
| | 草原火灾受害率（‰） | 3 | 3 | — |
| | 重特大草原火灾发生率（%） | 3 | 3 | — |
| | 易灾区能繁母畜标准化暖棚建设率（%） | 50 | 60 | （10） |
| | 草原鼠虫害短期预报准确率（%） | 80 | 90 | （10） |
| | 草原鼠害生物防治比例（%） | 82 | 85 | （3） |
| | 草原虫害生物防治比例（%） | 57 | 60 | （3） |

续表

| 类别 | 指标 | 2015 年 | 2020 年 | 年均增速（累计） |
|------|------|---------|---------|------------------|
| 草原基础设施水平 | 草原围栏（亿亩） | 15.3 | 22.5 | 8% |
| | 牧区新建牲畜棚圈、储草棚和设施水平青贮窖（万户） | – | 100 | – |
| | 草原自然保护区（新建）（个） | – | 50 | – |
| | 草原自然保护区（续建）（个） | – | 5 | – |

五、建立草原分区治理体系

根据我国草原的资源禀赋特点、草原畜牧业发展水平、存在的主要问题和保护建设利用需要，科学划分草原区域，实施分区治理。

（一）区域布局

将我国草原划分为北方干旱半干旱草原区、青藏高寒草原区、东北华北湿润半湿润草原区和南方草地区四大区域。

（二）分区治理目标任务

依据不同区域的功能定位，确定主攻方向和目标任务，采取不同的治理措施，推进草原生态系统保护与修复，提升草原生态系统稳定性和生态服务功能，筑牢生态安全屏障，促进区域经济社会协调发展。

1. 北方干旱半干旱草原区

基本情况：该区位于我国西北、华北北部以及东北西部地区，涉及河北、山西、内蒙古、辽宁、吉林、黑龙江、陕西、甘肃、宁夏和新疆等 10 个省（区），是我国北方重要的生态屏障。共有草原面积 23.99 亿亩。该区气候干旱少雨，年降水量一般在 400 毫米以下，降水分布不均，部分地区低于 50 毫米。冷季寒冷漫长，暖季干燥炎热，水分蒸发量大，一般为降水量的几倍或几十倍。该区以荒漠化草原为主，生态系统十分脆弱。长期以来，由于重利用轻管护，超载过牧、滥采乱挖等问题较为严重，鼠虫害发生频繁，导致草原严重退化、沙化和盐碱化，水土流失和风沙危害日趋严重，是我国主要的沙尘源。该区也是我国主要的草原高火险区。目标任务：重点治理退化草原，恢复草原植被，改善草原生态，提高草原生产能力，促进农牧民脱贫致富。实施退牧还草、京津风沙源治理、新一轮退耕还林还草、农牧交错带已垦草原治理、草业良种和草原防灾减灾等工程，全面落实草原生态保护补助奖励政策。到2020年，累计草原围栏面积达到13.35亿亩，人工种草保留面积达到1.95亿亩，改良草原面积达到4.58亿亩；禁牧面积6.8亿亩，休牧面积12.6亿亩，划区轮牧面积2.7亿亩；新建草原自然保护区20处；初步建立较为完善的草原灾害防控体系。

2. 青藏高寒草原区

基本情况：该区位于我国青藏高原，涉及西藏、青海全境及四川、甘肃和云南部分地区，是长江、黄河、雅鲁藏布江等大江大河的发源地，是我国水源涵养、水土保持的核心区，享有中华民族"水塔"之称，也是我国生物多样性最丰富的地区之一。共有草原面积20.86亿亩。该区草原主要分布在海拔3000米以上，空气稀薄，气候寒冷，无霜期短。该区以高寒草原为主，生态系统极度脆弱，牧草生长期短，产草量低。由于超载过牧、乱采滥挖草原野生植物、无序开采矿产资源等因素影响，加之自然条件恶劣，鼠虫害和雪灾发生严重，致使草原植被盖度降低，草原退化，涵养水源功能减弱，大量泥沙流失，直接影响江河中下游的生态环境和经济社会可持续发展。

目标任务：修复草原生态系统，恢复草原植被，维护江河源头安全，保护生物多样性，改善农牧民生产生活条件。重点实施退牧还草、草原防灾减灾、草原自然保护区建设等工程，大力实施草原生态保护补助奖励政策，加大对"黑土滩"等退化草原的治理力度。到2020年，累计草原围栏面积达到9亿亩，人工种草保留面积达到0.45亿亩，草原改良面积达到2.7亿亩；禁牧面积4.6亿亩，休牧面积6.3亿亩，划区轮牧面积1.2亿亩；新建草原自然保护区15处；草原鼠虫害等灾害得到有效遏制。

3. 东北华北湿润半湿润草原区

**基本情况：**该区主要位于我国东北和华北地区，涉及北京、天津、河北、山西、辽宁、吉林、黑龙江、山东、河南和陕西等10省（市）。共有草原面积4.44亿亩。该区水热条件较好，年降水量一般在400毫米以上，是我国草原植被覆盖度较高、天然草原品质较好，产量较高的地区，也是草地畜牧业较为发达的地区，发展人工种草和草产品加工业潜力很大。该区草原主要分布在农牧交错带，开垦比较严重，水土流失加剧，沼泽草地面积大幅度减少，部分地区草原盐碱化、沙化。

**目标任务：**加强草原监督管理，遏制乱开滥垦、乱采滥挖等违法行为。大力推广人工种草，积极发展草产业，拓宽农牧民增收渠道。重点实施风沙源治理、农牧交错带已垦草原治理、新一轮退耕还林还草、草地开发利用等工程和草原生态保护补助奖励政策，完善草原灾害防控基础设施。到2020年，人工种草保留面积达到1.2亿亩，草原改良面积达到0.9亿亩，禁牧面积0.4亿亩，新建草原自然保护区7处，初步建立较为完善的草原灾害防控体系。

4. 南方草地区

**基本情况：**该区位于我国南部，涉及上海、江苏、浙江、安徽、福建、江西、湖南、湖北、广东、广西、海南、重庆、四川、贵州和云南等15省（市、区）。共有草原面积9.63亿亩。该区气候温暖，水热资源丰富，年降水量一般在 1000 毫米以上，牧草生长期长，产草量高。该区草资源开发利用不足，垦草种地问题突出，部分地区草地石漠化严重，水土流失加剧。

目标任务：合理开发利用草地资源，积极发展草地农业和草食畜牧业。加快岩溶地区石漠化草地治理，恢复植被，减少水土流失。重点实施岩溶地区石漠草地综合治理、新一轮退耕还林还草和南方现代草地畜牧业推进行动等工程和草原生态保护补助奖励政策。到 2020 年，累计草原围栏面积 0.15 亿亩，人工种草保留面积达到 0.9 亿亩，草原改良面积达到 0.82 亿亩；禁牧面积 0.2 亿亩，休牧面积 0.54 亿亩，划区轮牧面积 0.3 亿亩；新建草原自然保护区 8 处。

六、健全草原生态文明制度体系

按照《推进草原保护制度建设工作方案》要求，认真落实，积极探索，不断完善，全面建立起权属明晰、保护有序、评价科学、利用合理、监管到位的草原生态文明制度体系，促进草原实现休养生息、永续发展。

（一）草原产权制度

——草原承包经营制度。坚持"稳定为主、长久不变"和"责权清晰、依法有序"的原则，依法赋予广大农牧民长期稳定的草原承包经营权，稳定完善现有草原承包关系，规范承包工作流程，完善草原承包合同，颁发草原权属证书，加强草原确权承包档案管理，健全草原承包纠纷调处机制，扎实稳妥推进承包确权登记试点，实现承包地块、面积、合同、证书"四到户"。

——全民所有草原资源分级行使所有权制度。结合全国主体功能区规划，按照生态功能重要程度对国有草原资源空间进行划分，草原重点生态功能区明确由中央政府行使所有权，其他草原区域明确由地方政府行使所有权，提出全民所有中央政府直接行使所有权、全民所有地方政府行使所有权的资产清单，并进行分级管理。

——全民所有草原资源资产有偿使用制度。依据产权、市场配置、地租、制度变迁和生态经济学等基础理论，认真分析国有草原使用管理现状与存在的问题，研究国有草原有偿使用、有偿流转的客观实现途径，建立健全国有草原有偿使用管理政策制度，并积极推动落实。

（二）草原保护制度

——草原生态空间用途管制制度。统筹协调草原生产、生活、生态空间，严守生态保护红线，明确草原用途管制的目标任务和基本要求。采取严格保护、区域准入、用途转用、审批管理和修复提升等手段，加强草原保护、减轻利用活动对草原的占用和扰动，恢复草原生态。

——基本草原保护制度。推动出台基本草原保护条例，依法划定和严格保护基本草原，实行基本草原用途管制、征占用总额控制等制度，加强监督检查，强化基本草原管理，确保基本草原面积不减少、质量不下降、用途不改变。

——草原生态补偿机制。完善财政支持与生态保护成效挂钩机制，有效调动全社会参与草原生态环境保护的积极性，加快草原生态文明建设步伐。

（三）草原监测预警制度

——草原动态监测预警制度。推动开展草原资源调查，逐步完善草原生态文明目标监测评价体系，综合运用地面监测观测、3S技术等方法，结合草原地区气象信息，对草原基本情况、草原生态状况、草原关键生长期植被生长状况、草原自然灾害和生物灾害情况等进行动态监测预警，及时提供动态监测和预警信息服务。

——草原承载力监测预警机制。通过地面调查、数据统计、3S技术等方法，在完善和参照相关标准的基础上，科学测算全国或某一区域天然草原产草量、合理载畜量、实际载畜量和超载率等数据指标，分析草地资源的实际承载水平，为合理利用天然草原、因地制宜地制定草原保护政策提供支撑。

——草原生态价值评估制度。以"草原类型→健康状况→实物量→价值量"为技术路线，制订主要草原类型生态价值评估技术规程，建立完善草原生态价值评估制度，全面开展各草原类型健康状况年度监测，建立主要草原类型健康指数评价体系，估算草原固土、保水、固碳、供氧等生态产品与服务价值量，综合评估草原生态价值。

（四）草原科学利用制度

——禁牧休牧轮牧和草畜平衡制度。对严重退化、沙化、盐碱化、石漠化的草原，生态脆弱区的草原和重要水源涵养区的草原实行禁牧、休牧制度。继续实施草原生态保护补助奖励政策，对纳入政策范围的草原给予禁牧补助和草畜平衡奖励，实行禁牧、划区轮牧或轮刈等措施，防止过度利用，切实减轻天然草原承载压力，实现草原永续利用。

——草原类国家公园体制。借鉴国内外国家公园建设管理经验，系统分析我国草原自然保护区建设管理体制机制存在的问题，推动建立草原类国家公园建设管理体系。探索草原类国家公园建设的指导思想、任务、目标、思路和原则，

（五）草原监管制度

——草原资源资产负债表。紧跟自然资源资产负债表编制试点进展，确定编制草原资源资产负债表方案，建立草原资源资产专业统计制度，依据不同类型草原水源涵养、水土保持、固碳储氮等生

态作用和价值，真实反映草原生态"家底"变化情况。

——领导干部草原自然资源资产离任审计制度。建立领导干部草原资源资产离任审计指标体系，区别对待自然与人为因素影响，客观反映草原保护建设利用成效和工作业绩，提出离任审计建议。

——草原生态环境损害评估和赔偿制度。研究确定草原生态环境损害的评估主体、评估办法、赔偿范围、赔偿对象以及实施途径等，从制度层面破解当前草原生态环境损害赔偿制度不完善、破坏草原违法成本低的难题。

——草原生态保护建设成效评价制度。引入第三方评价机构，建立健全草原生态保护建设成效评价指标体系，完善评价方法，开展动态评价考核工作，全面评价草原政策项目目标实现情况。根据评价结果，进一步提高草原生态保护建设政策项目的管理水平，提升政策项目实施效果。

七、完善草原保护建设利用政策项目体系

从生态保护建设、开发利用和防灾减灾三个方面，实施一批草原保护建设利用重点政策项目，不断提升草原生态保护、科学利用和防灾减灾的能力和水平。

（一）草原生态保护建设政策项目

——草原生态保护补助奖励政策。继续在内蒙古、四川、云南、西藏、甘肃、青海、宁夏、新疆和河北、山西、辽宁、吉林、黑龙江等13省（自治区）以及新疆生产建设兵团、黑龙江省农垦总局实施草原补奖政策。在内蒙古等8省区实施禁牧补助、草畜平衡奖励和绩效评价奖励；在河北等5省实施"一揽子"政策和绩效评价奖励，补奖资金可统筹用于国家牧区半牧区县草原生态保护建设。扩大实施范围，构建和强化京津冀一体化发展的生态安全屏障。通过实施草原补奖政策，促进草原生态环境稳步恢复、牧区经济可持续发展、农牧民增收，为加快建设生态文明、全面建成小康社会、维护民族团结和边疆稳定作出积极贡献。

——退牧还草工程。继续在内蒙古、辽宁、吉林、黑龙江、四川、云南、西藏、陕西、甘肃、青海、宁夏、新疆、贵州等13省区及新疆生产建设兵团实施退牧还草工程，将这些省区面积较大、退化严重的县区纳入治理范围。实施草原围栏、退化草原改良、人工饲草地建设、舍饲棚圈建设、黑土滩治理、毒害草治理等内容，推进禁牧休牧划区轮牧和草畜平衡措施，减轻天然草原放牧压力，加快恢复草原植被，推进草原畜牧业生产方式转变，促进草原生态和畜牧业协调发展。

——京津风沙源治理工程。继续在北京、河北、山西、内蒙古、陕西等5省（自治区、直辖市）实施京津风沙源治理工程。实施人工饲草基地、围栏封育、飞播牧草、草种基地、牲畜棚圈、青贮窖、贮草棚等建设内容，遏制沙化土地扩展趋势，明显改善草原生态环境、基本建成京津地区绿色生态屏障，进一步减轻京津地区风沙危害，促进草原资源得到合理利用，全面实现草畜平衡，推动草原畜牧业转型升级。

——岩溶地区石漠化综合治理工程。继续在湖北、湖南、广西、重庆、四川、云南、贵州等7省（自治区）实施岩溶地区石漠化综合治理工程。安排人工草地、草种基地、青贮窖等建设内容，着力恢复草原植被，全面提升草原自然生态服务功能，大力推进草食畜牧业发展，加快构建人与自然和谐发展的新局面。

——新一轮退耕还林还草工程。继续在25度以上陡坡耕地、重要水源地15—25度坡耕地以及严重沙化耕地实施退耕还林还草工程，提高草原植被盖度，恢复草原生态，进一步加快水土流失和土地沙化治理步伐。

——农牧交错带已垦草原治理工程。继续在河北、山西、内蒙古、甘肃、宁夏和新疆等6省（自治区）实施农牧交错带已垦草原治理工程，治理已垦草原1750万亩。建植多年生人工草地，引导配套建设饲草贮藏库、推广应用饲草播种加工贮运机械等措施，提高治理区植被覆盖率和饲草生产、储备、利用能力，保护和恢复草原生态，促进农业结构优化，实现当地"生态、生产、生活"三生共赢和可持续发展。

——草原自然保护区建设工程。推动新建50个草原自然保护区和续建5个草原自然保护区，重点保护一批草原生物多样性丰富区域、典型生态系统分布区域和我国特有的、珍稀濒危的、开发价值高的草原野生物种。优先建设纳入《全国草原保护建设利用总体规划》范围内的草原自然保护区，主要建设内容包括管护、办公和生活设施，购置交通、通讯、科研、监测、宣传与教育设备等。

（二）草原合理开发利用政策项目

——现代种业提升工程草种项目。继续实施现代种业提升工程草种项目，通过建设种质资源中期库、种质资源圃，提升牧草种质资源保护利用能力；建设牧草育种创新基地，提升牧草育种创新能力；建设牧草区域性品种试验站，提升牧草品种审定科学化水平；建设牧草良种繁育基地，提升牧草良种生产和供应能力。

——南方现代草地畜牧业推进行动。继续实施南方草地畜牧业推进行动，开展天然草地改良、优质稳产人工饲草地建植、标准化集约化养殖基础设施建设、草畜产品加工设施设备建设和技术培训服务等，保护生态环境，合理开发利用南方草山草地资源，推动南方现代草地畜牧业发展，开辟南方肉牛肉羊产业带，促进农民增收。

——粮改饲项目。将粮改饲范围扩大到整个"镰刀弯"地区和黄淮海玉米主产区，坚持以养定种、因地制宜，合理确定粮改饲面积、品种，持续加强饲草料生产规模化、产业化，提升饲草质量水平，推动农业结构调整，实现"粮、经、饲（草）"三元结构协调发展。

——振兴奶业苜蓿发展行动。继续在苜蓿优势产区和奶牛主产区实施振兴奶业苜蓿发展行动，建设高产优质苜蓿示范基地，促进草畜配套，为奶牛提供优质苜蓿产品。

——草牧业发展试验试点。通过建设一批标准化规模化的草种和草产品生产基地，集中解决草牧业发展中优质饲草供应不足的瓶颈，夯实产业发展基础，推进牧区生产方式转型升级；打造一批效益好、技术精、示范带动能力强的现代草业生产经营主体，推动形成草原生态环境好、产业发展优势突出、农牧民收入水平高的现代草牧业生产经营新格局。

——草原畜牧业转型示范工程。推动启动该工程，通过建设家庭示范牧场、合作示范牧场、饲草示范基地、良种繁育体系、草原畜牧业综合服务，加快草原保护建设步伐，推进草原畜牧业转型发展。

——农区草地开发利用工程。推动在南方草地区的安徽、福建、江西、湖北、湖南、广西、四川、贵州、云南等9省（区），东北华北湿润半湿润草原区的河北、山西、辽宁、吉林、黑龙江、山东、河南、陕西等8省，以及位于北方干旱半干旱草原区的山西部分地区启动实施农区草地开发利用工程，开展天然草地改良、人工种草、草田轮作等建设，保护生态环境，提高草地生产力，促进草产品加工业和草牧业发展。

（三）草原防灾减灾与支撑保障政策项目

——草原防灾减灾工程。推动在全国重点草原灾害易发频发高发区启动实施草原防灾减灾工程，建设草原防灾减灾监控信息系统，建立健全国家—省—重点区域监测预警网络，实现对草原火灾、雪灾、生物灾害的监测、预警、灾情评估、应急指挥，增强草原灾害综合防控能力。采取有效措施，切实做好青藏高原区草原鼠害防控和鼠荒地综合治理工作。

——草原监理监测体系建设工程。推动启动该工程，草原执法基础设施建设以完善交通、通讯、办案取证以及宣传培训设施设备为主要内容，改善各级草原执法机构的执法装备条件，增强执法监督手段，提高草原违法案件查处率，有效保护草原资源和生态环境，维护农牧民合法权益。建设国家级草原固定监测点，填补相关监测区域和指标空白，全面提升草原监测数据采集能力。完善国家—省—地—县草原资源与生态监测网络，建立健全草原资源与生态监测与评价体系。组织开展草原承载力监测评价与草原禁牧、休牧、轮牧和草畜平衡执行效果考核评价。

——牧区水利工程。推动在内蒙古中部、新疆北部、青海三江源区及环青海湖、甘肃南部、四川北部等草原生态恶化的牧区，通过采取"大、中、小、微"并举，"蓄、引、提、节"结合的方式，合理开发利用水资源，优化配置和节约保护水资源，优先对现有工程进行续建配套节水改造，确保工程发挥最佳效益。

——金融扶持草牧业发展政策。推动建立完善草原保险、贷款和融资担保制度。设置并推广草牧业大型机具、设施、草种制种、畜牧业和草场遭受灾害损失等保险业务。探索推进"一次核定、随用随贷、余额控制、周转使用、动态调整"的牧户信贷新模式。推广以草牧业机械设备、运输工具、承包草原收益权为标的的新型抵押担保方式。积极创新保险产品、金融产品和贷款服务、抵（质）押担保方式和融资工具，进一步提升草牧业发展的金融支持力度和水平。

八、保障措施

（一）强化组织领导。各级政府要从实现全面建成小康社会目标的高度，按照"创新、协调、绿色、开放、共享"的发展理念，深刻认识本规划的重要意义，切实加强组织领导，建立健全规划实施的目标责任制，做到认识到位、责任到位、措施到位，加大工作力度，确保规划从蓝图变成现实。

（二）强化政策支持。各级政府要在政策创设、规划选址、项目报批、用地保障、资金安排等各方面给予充分支持，加快重点工程项目落地。出台饲草运输绿色通道等政策，降低草产品流通成本，促进草牧业健康发展。大力推进草牧业领域政府和社会资本合作（PPP）模式，提升草牧业投资整体效率与效益。运用好"互联网+"等手段，提高草牧业生产、经营、管理和服务水平。

（三）强化依法治草。贯彻落实全面推进依法治国有关加强立法、严格执法的新要求，落实《草原法》，完善相关规章制度，为草原保护建设利用工作提供更加有力的法制保障。加强对草原征用使用审核审批的监管，严格控制草原非牧使用。加强草原执法监督和管护员队伍建设，依法查处草原违法案件，巩固草原生态保护建设成果。

（四）强化科技支撑。坚持用先进科学技术指导草原保护建设，加强重大、关键技术的科技攻关，注重先进科研成果的转化和应用。提升牧草良种覆盖率和自育草种市场占有率，推广人工种草、草田轮作、草畜配套、草地改良、天然草原保护与可持续利用、草原灾害综合防控等实用技术和机械设备。

（五）强化宣传引导。大力宣传草原保护建设在推进生态文明建设方面的重要地位和作用，弘扬爱草、护草、种草的绿色发展理念，努力营造全社会关心支持草原保护建设的良好氛围。当前，要着力推进树立大农业发展观念，把草原保护建设与农业结构调整、畜牧业发展紧密结合起来，推动粮经饲统筹、农牧渔结合、种养加一体化发展。

# 农业部关于加强草原管护员队伍建设的意见

农牧发〔2014〕5号

各省（自治区、直辖市）畜牧（农牧、农业）厅（局、委）、新疆生产建设兵团畜牧兽医局：

草原管护员是基层管护草原的重要力量，是草原监理队伍的有益补充。自2011年国家实施草原生态保护补助奖励机制政策（以下简称草原补奖政策）以来，草原管护员队伍建设取得了积极进展，在强化草原管护工作中发挥了重要作用。为进一步壮大草原管护力量，加强草原管护员队伍建设，现提出如下意见。

一、充分认识加强草原管护员队伍建设的重要意义

（一）加强草原管护员队伍建设，是强化基层草原管护工作的迫切需要。草原是我国陆地面积最大的绿色生态系统，在生态文明建设中具有重要的战略地位。党的十八大把生态文明建设提到五位一体总布局的战略高度，为草原事业发展提供了难得历史机遇，同时也对加强草原保护建设工作提出了更高的要求。草原法对加强基层草原保护建设监管工作作出明确规定。《国务院关于促进牧区又好又快发展的若干意见》（国发〔2011〕17号）也明确要求设立草原管护公益岗位。在当前贯彻落实草原法律法规和各项政策任务更加繁重的新形势下，迫切需要加强草原管护员队伍建设，进一步壮大草原管护力量，切实将草原法律法规贯彻到基层，将各项政策任务落实到草场和牧户。

（二）加强草原管护员队伍建设，是落实草原补奖政策的重要举措。《农业部财政部关于2011年草原生态保护补助奖励机制政策

实施的指导意见》（农财发〔2011〕85号）明确提出，要加强草原管护，建立健全县、乡、村三级管护联动网络。各地按照要求，积极推进草原管护员队伍建设，目前全国已聘用草原管护员8万多人。两年来的实践证明，草原管护员队伍在强化禁牧区巡查、核定草畜平衡区放牧牲畜数量、保护草原围栏设施、发现和制止草原违法行为等方面发挥了重要作用，为确保草原补奖政策取得实效做出了积极贡献。

（三）加强草原管护员队伍建设，是发挥农牧民群众主体作用的有效途径。草原是农牧民的家园，加强草原保护建设，必须调动和依靠农牧民群众的力量。农牧民长期生活在草原，对本地草原、牲畜等情况比较熟悉，便于监督禁牧和草畜平衡制度落实情况，便于及时发现和制止草原违法行为。建立以农牧民群众为主体的草原管护员队伍，充分发挥农牧民群众自我管理、自我约束的作用，有利于调动农牧民群众依法保护和合理利用草原的积极性。

我国草原面积大、管护任务重，草原地区大多地处偏远、交通不便，草原管护任务十分繁重。草原管护员队伍建设工作刚刚起步，目前还存在省区间进展不平衡、管理不够规范、草原管护员补助标准较低等一些亟待解决的问题。各地要充分认识加强草原管护员队伍建设的重要意义，认真研究解决队伍建设中存在的突出问题，采取有效措施积极推进队伍建设，不断提高草原管护能力和水平。

二、明确加强草原管护员队伍建设的指导思想和基本原则

（一）指导思想

按照党的十八大关于生态文明建设的总要求，从保护草原生态环境、促进草原资源可持续利用的高度出发，以壮大基层草原管护力量、适应草原保护的实际需要为目标，加快建立一支"牧民为

主、专兼结合、管理规范、保障有力"的草原管护员队伍，充分发挥农牧民自我管理、自我约束的作用，促进草原法律法规和草原补奖政策更好地贯彻落实。

（二）基本原则

1. 明确目标，加快建设。明确草原管护员队伍建设的目标，采取有力措施，加快建立与草原管护工作实际需要相适应的草原管护员队伍。

2. 创新形式，注重实效。结合草原管护工作的具体情况和实际需要，因地制宜聘用专职或兼职草原管护员，注重调动草原管护员的工作积极性。

3. 完善制度，规范管理。建立健全草原管护员选聘、培训和考核制度，强化和规范对草原管护员的管理，确保草原管护员发挥应有作用。

三、加强草原管护员队伍建设的措施要求

省级草原行政主管部门要加强对草原管护员队伍建设工作的统筹协调和指导监督，积极争取相关部门对草原管护员队伍建设工作的支持。地市级草原行政主管部门要及时协调解决本辖区草原管护员队伍建设中存在的突出问题。县级草原行政主管部门要切实承担起草原管护员选聘、培训、管理和考核的主体作用，扎实推进草原管护员队伍建设。

（一）明确草原管护员职责。结合本地草原管护工作的实际需要，科学设置草原管护员岗位。规定草原管护员在宣传草原法律法规和政策、监督禁牧和草畜平衡制度落实、制止和举报草原违法行为、保护草原围栏设施、报告草原火情和鼠虫灾害情况、掌握牧户牲畜数量和超载情况、配合开展草原生产力监测等方面的具体职责，细化、量化工作任务，明确工作要求。

（二）严格草原管护员选聘。建立健全草原管护员选聘制度，明确聘用要求，规范选聘程序，并按照公平公正公开的原则，择优选聘草原管护员。原则上应当从当地农牧民、防疫员、村干部等人员中选聘热心草原管护工作、责任心强、身体健康、熟悉本村情况、能够胜任草原管护工作的成年人担任草原管护员，切实把好草原管护员的"入口关"。有条件的地区，可以选聘专职草原管护员。决定聘用的，由县级草原行政主管部门或者乡镇人民政府与草原管护员签订聘用合同，明确双方的权利义务。

（三）加强草原管护员培训。建立健全草原管护员岗前培训和定期培训制度。县级草原行政主管部门要综合运用培训班、以会代训、个别辅导等多种形式，扎实做好草原管护员岗前培训，将草原法律法规和政策、草原监管技能和知识等作为主要培训内容，使草原管护员掌握履行职责所需的基本技能。定期组织交流培训，总结管护工作中取得的经验，学习更新相关知识，不断提升草原管护员履职能力，提高草原管护水平。

（四）强化草原管护员管理。建立健全草原管护员巡查制度和对草原管护员的考核和奖惩制度。县级草原行政主管部门和乡镇人民政府要通过检查巡查日志、听取汇报、走访调查等形式，定期或者不定期对草原管护员进行考核和评价，并将考核评价结果与补助报酬挂钩。对工作表现突出的草原管护员给予表彰、奖励；对不能胜任工作、考核不合格的草原管护员予以解聘。要加强对草原管护员监督管理，强化业务指导，严肃工作纪律，规范草原管护行为。

（五）切实加强组织领导。把草原管护员队伍建设纳入重要议事日程，强化组织领导，明确责任分工，抓好工作落实。要加强沟通协调，积极争取当地政府和相关部门的支持，力争将草原管护员补助经费纳入地方各级政府财政预算，建立草原管护员补助经费的长效保障机制，逐步提高草原管护员补助标准。要积极改善草原管护员工作条件，为草原管护员配备必要的交通工具。有条件的地方可以为草原管护员购买人身意外伤害保险，进一步提高草原管护员的积极性和主动性。

中华人民共和国农业部

2014 年 3 月 17 日

# 草畜平衡管理办法

中华人民共和国农业部令

第 48 号

《草畜平衡管理办法》业经 2005 年 1 月 7 日农业部第 2 次常务会议审议通过，现予公布，自 2005 年 3 月 1 日起施行。

中华人民共和国农业部部长

二○○五年一月十九日

第一条 为了保护、建设和合理利用草原，维护和改善生态环境，促进畜牧业可持续发展，根据《中华人民共和国草原法》，制定本办法。

第二条 在中华人民共和国境内利用草原从事畜牧业生产经营活动的单位和个人，应当遵守本办法。

第三条 国家对草原实行草畜平衡制度。

本办法所称草畜平衡，是指为保持草原生态系统良性循环，在一定时间内，草原使用者或承包经营者通过草原和其他途径获取的可利用饲草饲料总量与其饲养的牲畜所需的饲草饲料量保持动态平衡。

第四条 开展草畜平衡工作应当坚持以下原则：

（一）加强保护，促进发展；

（二）以草定畜，增草增畜；

（三）因地制宜，分类指导；

（四）循序渐进，逐步推行。

**第五条** 农业部主管全国草畜平衡监督管理工作。

县级以上地方人民政府草原行政主管部门负责本行政区域内的草畜平衡监督管理工作。

县级以上人民政府草原行政主管部门设立的草原监督管理机构负责草畜平衡的具体工作。

**第六条** 县级以上人民政府草原行政主管部门应当加强草畜平衡的宣传教育培训，普及草畜平衡知识，推广草畜平衡技术，实现草原资源的永续利用。

**第七条** 县级以上人民政府草原行政主管部门应当加强草原保护建设，稳定和提高草原生产能力；支持、鼓励和引导农牧民实施人工种草，储备饲草饲料，改良牲畜品种，推行舍饲圈养，加快畜群周转，降低天然草原的放牧强度。

**第八条** 农业部根据全国草原的类型、生产能力、牲畜可采食比例等基本情况，制定并公布草原载畜量标准。

**第九条** 省级或地（市）级人民政府草原行政主管部门应当根据农业部制定的草原载畜量标准，结合当地实际情况，制定并公布本行政区域不同草原类型的具体载畜量标准，同时报农业部备案。

**第十条** 县级人民政府草原行政主管部门应当根据农业部制定的草原载畜量标准和省级或地（市）级人民政府草原行政主管部门制定的不同草原类型具体载畜量标准，结合草原使用者或承包经营者所使用的天然草原、人工草地和饲草饲料基地前五年平均生产能力，核定草原载畜量，明确草原使用者或承包经营者的牲畜饲养量。

草畜平衡核定每五年进行一次。

草原使用者或承包经营者对核定的草原载畜量有异议的，可以自收到核定通知之日起 30 日内向县级人民政府草原行政主管部门申请复核一次，县级人民政府草原行政主管部门应当在 30 日内作出复核决定。

**第十一条** 县级以上人民政府草原行政主管部门制定草原载畜量标准或者核定草原载畜量时，应当充分听取草原使用者和承包经营者的意见，组织专家进行论证，确保草原载畜量标准和草原载畜量核定决定的科学性和合理性。

**第十二条** 县级以上地方人民政府草原行政主管部门应当建立草畜平衡管理档案。

县级人民政府草原行政主管部门应当与草原使用者或承包经营者签订草畜平衡责任书，载明以下事项：

（一）草原现状：包括草原四至界线、面积、类型、等级，草原退化面积及程度；

（二）现有的牲畜种类和数量；

（三）核定的草原载畜量；

（四）实现草畜平衡的主要措施；

（五）草原使用者或承包经营者的责任；

（六）责任书的有效期限；

（七）其他有关事项。

草畜平衡责任书文本样式由省级人民政府草原行政主管部门统一制定，报农业部备案。

**第十三条** 牲畜饲养量超过核定载畜量的，草原使用者或承包经营者应当采取以下措施，实现草畜平衡：

（一）加强人工饲草饲料基地建设；

（二）购买饲草饲料，增加饲草饲料供应量；

（三）实行舍饲圈养，减轻草原放牧压力；

（四）加快牲畜出栏，优化畜群结构；

（五）通过草原承包经营权流转增加草原承包面积；

（六）能够实现草畜平衡的其他措施。

**第十四条** 县级以上地方人民政府草原行政主管部门应当加强草原资源动态监测工作，根据上一年度草原产草量的测定结果及对其他来源的饲草饲料量的估算，分析、预测本行政区域内当年草原载畜能力，指导草畜平衡工作。

**第十五条** 县级以上地方人民政府草原行政主管部门应当每年组织对草畜平衡情况进行抽查。

草畜平衡抽查的主要内容：

（一）测定和评估天然草原的利用状况；

（二）测算饲草饲料总量，即当年天然草原、人工草地和饲草饲料基地以及其他来源的饲草饲料数量之和；

（三）核查牲畜数量。

**第十六条** 草原使用者或承包经营者因饲草饲料量增加的，可以在原核定的载畜量基础上，相应增加牲畜饲养量。

**第十七条** 违反草畜平衡规定的，依照省、自治区、直辖市人民代表大会或其常务委员会的规定予以纠正或处罚。

**第十八条** 本办法自 2005 年 3 月 1 日起施行。

# 新疆维吾尔自治区实施
# 《中华人民共和国草原法》细则

（2011 年 7 月 29 日新疆维吾尔自治区第十一届人民
代表大会常务委员会第三十次会议通过）

## 第一章 总 则

**第一条** 为了加强草原的保护、管理、建设和合理利用，发挥草原的经济效益，保护和改善生态环境，促进自治区畜牧业生产的发展和各民族的共同繁荣，根据《中华人民共和国草原法》（以下简称《草原法》）的规定，结合自治区实际，制定本细则。

**第二条** 自治区境内的草原指生长牲畜可食性草类植物，并历来以经营畜牧业为主的土地和待开发的宜于放牧的土地，包括天然草地、改良草地和人工建设的草地。

树木郁闭度 0.1—0.3 的疏林地。在未封育时。允许放牧。灌木覆盖度 40% 以上的灌木林地。用于经营林地。并按历史习惯允许继续放牧。灌木覆盖度不足 40% 的地带。原用于经营畜牧业的。继续用于经营畜牧业；原用于经营林业的，继续用于经营林业，并按历史习惯允许继续放牧。灌木覆盖度不足 40% 的地带需要规划造林时，县级以上人民政府应从林业建设的实际出发，统筹安排封育造林，并负责为原放牧单位和个人另行调剂草地。

**第三条** 各级人民政府应当加强对辖区内草原的保护、管理和建设，对按历史习惯跨越本行政区域使用的草原，也有保护、管理、建设和合理利用的责任。

县级以上人民政府应当把治理严重沙化、碱化、退化和水土流失草原纳入国土整治建设规划，专列经费，组织实施。

第四条　县级以上人民政府畜牧部门主管本行政区域内的草原管理工作。主要职责是：组织草原资源调查，编制草原资源保护、建设和合理利用的方案，并组织实施；受政府委托，办理草原所有权使用权的审核登记，发放草原所有证和使用证；会同土地管理部门处理草原权属争议；领导草原监理工作。

第五条　保护草原是一切单位和每个公民的义务。各级人民政府应当对各族公民进行遵纪守法、保护草原的教育。对保护草原有贡献者给予奖励，对破坏草原者给予处罚。

第六条　凡在自治区境内开发、使用草原以及在草原上从事其他活动的单位和个人都必须遵守《草原法》和本细则。禁止破坏草原。对违反《草原法》和本细则的行为，一切单位和个人都有权检举和控告。

第七条　实行草原有偿使用制度。草原使用者应向国家交纳草原管理费。

## 第二章　草原的所有权和使用权

第八条　草原属于国家所有，即全民所有，由国家法律规定属于集体所有的草原除外，农田附近固定给集体经济组织使用的零星小片草地，划归集体经济组织所有。

第九条　全民所有制经济组织和部队、机关、团体、学校等使用的草原，由县级以上人民政府登记造册，核发草原使用证。集体所有的草原和集体长期固定使用的全民所有的草原以及个人承包使用的草原，由县级人民政府登记造册，核发证书，确认所有权和使用权。

按历史习惯跨行政区域放牧的现状不变，草原使用证由草原所在地的县级人民政府发放。

草原所有证和草原使用证的式样由自治区人民政府统一制定。

草原的所有权和使用权受法律保护，长期不变，任何单位和个人不得侵犯。

**第十条** 新疆生产建设兵团、师（局）直属企业、事业单位和农牧团场的全民所有制草原的使用证、集体所有制草原的所有证，由所在县（市）人民政府核发；跨县（市）的，由州人民政府或地区行政公署核发；跨州、地区的，由自治区人民政府核发。

新疆生产建设兵团农牧团场和兵团、师（局）直属企业、事业单位内部的草原使用证核发办法，由兵团规定。

**第十一条** 草原上由国家投资兴建的水利工程和畜牧业生产设施，可以固定给草原使用单位使用，并由其负责养护。

**第十二条** 禁止侵占、买卖或者以其他形式非法转让草原。

全民所有的草原和集体所有的草原的使用权可以依法转让。使用权依法转让后，应当保证用于畜牧业，不得改作他用。

**第十三条** 遇有自然灾害等特殊情况需要临时调剂使用草原时，应当按照自愿互利的原则，通过协商，签订调剂使用草原的合同或者协议书，规定使用期限、范围和收费标准等，并报上级主管部门备案。

**第十四条** 草原权属发生争议，应坚持有利于团结、有利于生产、有利于边防、有利于草原管理和建设的原则，以互谅互让的精神协商处理。

（一）对过去遗留的争议，应参照历史（主要是中华人民共和国成立后的历史），适当照顾各方实际困难，协商解决；

（二）因行政界线与草原使用界线不一致引起的争议，按草原使用界线与行政界线分别对待的原则处理；

（三）中华人民共和国成立后双方商定的协议和县级以上人民政府的决定，继续有效。有争议的，由双方协商；协商解决不了的，报上一级人民政府裁决。裁决之前应遵守原协议；

（四）过去已划定界线的，按已划定的执行；未划定的，双方协商，报上一级人民政府划定。

**第十五条** 草原权属发生争议时，由当事人协商解决；协商不成时，由人民政府依照《草原法》第六条规定的处理权限处理。对处理决定不服的，可在收到决定之日起 30 日内向人民法院起诉，逾期不起诉又不履行的，作出决定的人民政府可以申请法院强制执行。

争议解决前，应脱离接触，任何一方不得在争议地区修建设施，不得破坏草原和草原上的设施。

**第十六条** 本细则公布施行后，处理草原权属争议划定的界线，，除文字说明外，还应附详细准确的地图。实地无明显地形、地物可作标志的，要立桩标界。

处理争议所形成的协议、纪要、合同、附图等，应由当事各方签署意见、签名盖章，报上一级人民政府批准或者备案。

各级人民政府处理争议的决定、批复、文件和附图等资料，应送达争议各方和有关单位，并立卷归档。

**第十七条** 国家建设征用集体所有的草原，按照《中华人民共和国土地管理法》和《新疆维吾尔自治区实施〈土地管理法〉办法》的规定办理。

国家建设使用全民所有的草原，按照国家建设征用土地的程序和批准权限经批准后划拨。原使用单位受到损失的，建设单位应当给予适当补偿，并妥善安置牧民的生产和生活，为其调剂解决草地，或者安排符合条件的牧民就业。原使用单位需要搬迁的，建设单位应当负责搬迁。

在审批国家建设征用或使用草原时，应事先征求畜牧部门的意见。草原补偿应当用于草原建设，不得挪作他用。国家建设在自治州、自治县征用或者使用草原，应当照顾自治州、自治县的利益，作出有利于自治州、自治县经济建设的安排。

**第十八条** 集体和个人在草原上采矿、挖沙土和建立旅游点，应当按照有关规定办理审批手续，并给草原使用者以适当补偿。

**第十九条** 地质勘探、架设地上线路、铺设地下管线、部队演习等临时使用草原，使用单位必须持上级主管部门的批准文件或者勘查证，向当地县级人民政府提出用地的数量、位置和期限的报告，经批准后方能使用。批准用地时，应征求畜牧部门的意见。

临时使用草原，应按该草原前3年平均年产值逐年予以补偿，并负责恢复草原植被，按期归还；造成草原植被严重损害（指3年内不能自然恢复）的，按该草原前3年平均年产值的2至4倍予以补偿；造成根本性破坏（指无法自然恢复）的，按该草原前3年平均年产值的4至5倍予以补偿。

**第二十条** 商业、外贸、供销等单位和个人长途赶运牲畜需借用草原时，应征得草原使用者的同意，在县级草原监理部门办理过境通行证，按规定的期限、路线赶运，并按规定交纳草原补偿费。

正常的转场或者因自然灾害需赶运牲畜时可不予补偿。

## 第三章 草原的保护与利用

**第二十一条** 使用草原的单位和个人要合理使用草原，防止退化。要以草定畜，调整畜群，实行轮牧，合理安排季节牧场，实行统一转场，禁止滥牧、抢牧和过量放牧。要建立草原保护利用责任制，并根据资源特点，制定保护利用草原的具体规划，合理配置畜种，发展多种经营，综合利用草原资源。

**第二十二条** 县级人民政府畜牧部门应按照当地草原类型和产草量确定合理的载畜量和放牧强度。山地草原和草甸类草地利用率应逐步控制在50%—70%，半荒漠、荒漠类草地利用率应逐步控制在50%以下。

**第二十三条** 合理利用割草场。县级人民政府畜牧部门应规定当地割草场的封育、采种、割草时间以及留茬高度和刈割强度，草原使用单位和个人应遵照执行，不得抢采、抢收。

使用草原的单位和个人，应当按照饲养牲畜的种类和数量，积极调制储备干草，推广青贮和饲草饲料加工新技术，建立储草库。

**第二十四条** 严格保护草原植被，禁止滥垦草原。草原使用者经草原所在地的县级人民政府批准，可开垦少量草原，主要用于种植饲草饲料，其数量由县级人民政府根据当地实际规定。

**第二十五条** 已经开垦的草原，属于下列情况之一者，由县级人民政府审定，限期退耕，种草种树，恢复植被：

（一）开垦后引起沙化、碱化、退化和水土流失的；

（二）因土壤脊薄、灌溉无法保证和气候不适宜等原因，致使农作物产量很低的；

（三）开垦后给牲畜越冬度春造成严重困难的；

（四）开垦牲畜转场牧道的；

（五）开垦配种站、棚圈、饮水点等畜牧业生产设施附近草场的。

**第二十六条** 在草原上采挖野生植物、药材、草皮、沙土等，生产组织单位应制定计划，经草原使用者同意，报当地县级草原监理部门批准，在指定的时间和区域内按规定数量进行，并做到随挖随填随培植，保留一部分植物的母株。严禁使用破坏草原植被的工具和方式采挖。生产或者收购部门应将产品收购金额的5%—10%返还畜牧部门用于恢复草原植被。

进入草原采药者，必须持有畜牧部门与医药管理部门共同核发的采药许可证，并向县级草原监理部门交纳药材资源管理费。草原使用者可优先采挖。对数量减少的药材资源，严格控制采挖。

禁止在荒漠、半荒漠草原和沙化地区砍挖灌木、药材及其他固沙植物。未经县级人民政府批准，不得采集草原上的珍稀野生植物。

**第二十七条** 在林地放牧，应严格遵守《森林法》和有关法规，防止损坏林木，并接受林业管理部门的管理和监督，自治区直属林场更新和封山育林时，应会同当地县级以上人民政府统筹安排。确定封山范围、时间和割草办法。幼林郁闭后，允许继续放牧。

在灌丛草地放牧，必须严格管理和保护草场上的灌木。

草原使用者在使用的草原上应积极营造防护林、固沙林、饲料林及其他林木，实行林草结合。

**第二十八条** 积极防治草原上的鼠虫病害，加强经常性的病虫害预测预报和防治工作，研究和推广生物防治方法，加强联防联治。

在草原上狩猎，必须遵守《野生动物保护法》和有关规定，禁止猎取捕食鼠虫的鹰、雕、猫头鹰、椋鸟、沙狐等益鸟益兽。

**第二十九条** 严格执行《环境保护法》和有关法规，防止污染水源和牧草。在草原开矿、筑路和进行其他建设，应当处理好废水、废气、废渣和其他废弃物，保护植被，保障人畜健康。

**第三十条** 对草原上的转场牧道、桥梁、水工程、配种站、剪毛站、药浴池、围栏、棚圈、草场界标和牧工住房等，必须严加保护。

**第三十一条** 禁止机动车辆离开固定公路线在草原上行驶，破坏草原植被。对随意辗压出来的便道，应予封闭。因地质勘探等需要离路行驶的，须经当地草原监理部门批准。

**第三十二条** 加强草原防火工作，贯彻"预防为主，防消结合"的方针。建立防火责任制，制定防火制度和公约。各地应根据当地火灾易发期确定防火期。

不准随意放火烧荒破坏草原。因生产或者发生自然灾害、疫病污染等需要烧荒时，必须制定防火措施，报县级以上人民政府批准。

发生草原火灾时，当地人民政府应当迅速组织军民扑灭，查明火灾原因和损失情况，及时处理。

**第三十三条** 县级以上人民政府可根据土地利用总体规划，在有代表性的不同类型草原地区建立有科研或者经济价值的草地类自然保护区，开展科学研究，保护和改善生态环境。

**第三十四条** 禁止在草原上乱建坟墓。建坟区域由当地民政部门会同畜牧部门统一划定。

## 第四章 草原建设

**第三十五条** 草原建设应纳入国民经济计划，逐步增加投入。各级人民政府应安排一定的自筹资金用于草原建设，也可以引进外资。

鼓励、扶持集体和个人投资建设草原。集体和个人投资建设的草原，谁建设谁受益，使用权长期不变。个人建设成果可以继承和有偿转让。对在戈壁、荒滩、沙化地进行开发性建设从事畜牧业生产的，实行与开发性农业相同的优惠政策。

第三十六条 建立育草基金制度。县级以上人民政府应把草原管理费和药材资源管理费纳入育草基金，统筹安排，合理使用。国家建设使用草原的各项补偿费，除按规定付给个人的外，也应纳入育草基金。草原管理费征收标准、办法和育草基金的筹集、管理办法由自治区人民政府制定。

第三十七条 加强草原水利建设。各级人民政府在制定流域规划和区域规划时，应统筹安排，保证畜牧业用水。水利建设费应有适当比例用于草原水利建设，确保人畜饮水用水，逐步扩大草原灌溉面积。

进行农田水利建设损害草原使用者利益时，当地人民政府应当采取措施，给予弥补。

第三十八条 各级人民政府应组织有关部门和农牧民开展人工种草、围栏育草、改良草地和修建牧道、牧民定居点等草原建设，加强草原科学普及，并开展义务种草活动。

## 第五章 草原监理机构

第三十九条 县级以上人民政府可以根据实际需要设立草原监理机构。草原面积较大的乡场可配备适当数量的专职草原监理员和义务草原监理员。

草原监理人员执行任务时必须佩戴证章，携带证件。

第四十条 草原监理机构的主要职责是：

（一）负责检查、监督实施《草原法》和本细则的具体工作，检查处理违反《草原法》和本细则的行为；

（二）确定各类草场的载畜量和管理利用制度，对草原的利用进行监督；

（三）会同有关部门做好鼠虫病害防治和草原防火灭火工作；

（四）收取和管理有关草原管理方面的费用和罚款；

（五）办理其他有关草原监理事宜。

## 第六章 奖励与惩罚

**第四十一条** 对执行《草原法》和本细则具有下列情形之一的单位和个人，由各级人民政府或者畜牧部门给予精神鼓励或者物质奖励：

（一）在草原的保护、管理、建设和合理利用方面做出显著成绩的；

（二）在草原科学研究、教育、资源勘测调查、规划和技术推广工作中成绩突出的；

（三）有效解决牲畜冬春饲草，促进牧业发展，成绩显著的；

（四）在扑灭草原火灾中有显著贡献的；

（五）在防治草原鼠虫病害工作中做出显著成绩的；

（六）在繁育和生产优良牧草种子工作中成绩突出的；

（七）在治理草原沙化、碱化、退化和水土流失，保护益鸟益兽，改善草原生态环境中成绩显著的；

（八）热爱草原事业，在草原工作岗位上有突出贡献的；

（九）模范执行《草原法》和本细则，积极同违反《草原法》和本细则行为作斗争事迹突出的。

**第四十二条** 对下列违反《草原法》和本细则的行为，给予行政处罚或者追究刑事责任：

（一）侵占、买卖或者以其他方式非法转让草原的，责令退还草原，没收非法所得，限期拆除或者没收在该草原上新建的建筑物和其他设施，并可处以相当于非法所得2至4倍的罚款，情节严重的，收回草原使用证；

（二）滥垦草原的，责令停止开垦，赔偿损失，恢复植被，并可处以被开垦草原年产值3至5倍的罚款；

（三）未经批准进入草原勘探、采矿、修路、进行工程建设致使草原植被遭受破坏的，责令赔偿损失，恢复植被，限期退出作业区，并可按被破坏草原年产值的3至5倍罚款。超过限期未退出作业区的，按月收取延误费，直至没收在非法占用草原上新建的建筑物和其他设施；

（四）违法采挖草原上的野生植物、药物、草皮、沙土造成植被破坏的，责令赔偿损失，恢复植被，并可处以相当于非法所得1至2倍的罚款；

（五）向草原排放废水、废气、废渣和其他废弃物超过标准污染草原的，由环保部门会同畜牧部门依照《环境保护法》和自治区《关于贯彻执行国务院〈征收排污费暂行办法〉的具体规定》处罚；

（六）在草原防火期内违法用火的，处以10至50元的罚款；违反防火规定造成草原火灾的，赔偿损失，并可处以受灾草原年产值3至5倍的罚款；构成犯罪的，依法追究刑事责任；

（七）损坏草原上的牧道、桥梁、水工程、配种站、围栏、棚圈等设施的，赔偿损失；情节严重的，由公安机关依照《治安管理处罚条例》处罚；构成犯罪的，依法追究刑事责任；

（八）机动车辆随意离路在草原行驶破坏植被的，处以100元以下罚款；

（九）草原使用者因超载过牧、滥牧、抢牧等，造成草原沙化、碱化、退化或者水土流失的，责令限期治理，恢复植被；逾期未治理恢复的，赔偿损失，并可处以每亩5至10元的罚款；

（十）违反草原法规，不听草原监理人员劝阻，妨碍公务，无理取闹的，由公安机关依照《治安管理处罚条例》处罚；构成犯罪的，依法追究刑事责任。

**第四十三条** 本细则规定的行政处罚，除第四十二条第五、十项外，由县级以上人民政府草原监理机构决定。当事人对草原监理机构行政处罚不服的，可以申请复议，也可以向人民法院起诉。

## 第七章 附 则

**第四十四条** 本细则自 1989 年 9 月 1 日起施行。1984 年 11 月 2 日自治区人大常委会公布的《新疆维吾尔自治区草原管理暂行条例》同时废止。

# 吉林省草原管理条例

（1987 年 2 月 9 日吉林省第六届人民代表大会常务委
员会第二十三次会议通过；根据 1997 年 9 月 26 日吉林省
第八届人民代表大会常务委员会第三十三次会议修正）

## 第一章 总 则

**第一条** 为了保护、管理、建设和合理利用草原，改善生态环
境，保护草原所有者和使用者的合法权益，促进畜牧业的发展，根
据《中华人民共和国草原法》，结合我省实际情况，制定本条例。

**第二条** 本条例适用于全省境内的一切草原，包括天然和人工
的草地（城镇草坪除外）、草坡、草山以及国家规划的宜牧地。

**第三条** 各级人民政府要加强草原保护和建设，组织本行政区
域内的草原资源普查，制定草原畜牧业发展总体规划；加强科学研
究，实行科学管理；培养草原技术人才；治理沙化、碱化和严重退
化的草原；发展人工草场，建立牧草基地，提高草原经济效益。

**第四条** 县级以上人民政府的畜牧业行政部门为草原主管部
门，负责贯彻执行有关法律、法规和政策，以及本行政区域内的草
原管理工作，对草原使用者进行指导和监督。

根据草原管理任务的需要，乡（镇）人民政府设专职或兼职人
员负责草原管理工作。

## 第二章 草原所有权和使用权

**第五条** 草原属国家所有，即全民所有。由法律规定属于集体
所有和县级以上人民政府根据国家、省有关规定已划归集体经济组

织的村屯附近和插花在耕地中间的零星草地、草坡、草山除外。

全民所有的草原，可以固定给集体长期使用。

全民所有制单位使用的草原，由县级人民政府登记造册，核发证书，确认使用权。集体所有的草原和集体长期固定使用的全民所有的草原，由县级人民政府登记造册，核发证书，确认所有权或使用权。

**第六条** 草原使用者有利用草原的权利和保护、建设草原的义务。草原使用者不履行应尽的义务，草原所有者有权收回其草原使用权。

**第七条** 遇有自然灾害等特殊情况，需要临时调剂使用草原时，应按自愿互利原则，通过双方协商，签订使用合同或协议书，报县级草原主管部门备案；需要跨县临时调剂使用草原的，由有关县人民政府组织协商解决，报市、州（地）草原主管部门备案。

**第八条** 草原的所有权和使用权受法律保护。禁止任何单位和个人未经批准或超过批准的面积占用草原，以及其他侵犯草原所有权、使用权的行为。

**第九条** 严禁买卖、出租、抵押或者以其他形式非法转让草原。

**第十条** 草原所有权和使用权的争议，由当事人本着互谅互让的精神协商解决；协商不成的，由人民政府按照尊重历史、照顾现实、有利于团结、有利于草原保护和建设的原则进行处理。草原争议的处理权限：

（一）属于村之间的草原争议，由乡（镇）人民政府处理；

（二）属于乡（镇）之间、乡（镇）与县（市）属单位之间的草原争议，由县（市）人民政府处理；

（三）属于县（市）之间的草原争议，由市、州（地）人民政府处理；

（四）属于市、州（地）之间，县（市）与省、市（地、州）属单位之间的草原争议，由省人民政府处理；

（五）属于省与省（自治区）之间、地方与部队之间、地方与中央直属单位之间的草原争议，由双方协商解决。

当事人对草原争议处理决定不服的，可在接到通知之日起一个月内，向上一级人民政府申请复议或向人民法院起诉。

**第十一条** 有争议的草原界线，凡经县级以上人民政府划定或确定的，以划定或确定的界线为准；未作过划定或确定的，按本条例第十条的规定，由县级以上人民政府划定或确定。

**第十二条** 对有争议的草原，在草原权属争议解决以前，争议双方必须停止使用，任何一方不得破坏草原及其建筑设施，不得拆除、移动草原现有的边界标记。

**第十三条** 国家建设征用集体所有的草原，按照国家和省征用土地的有关法律、法规和规定办理。

国家建设使用集体长期固定使用的全民所有的草原，参照国家和省征用土地的有关法律、法规的规定给予补偿，并妥善安置农牧民的生产和生活。

**第十四条** 在草原上进行地质勘探、架设地上线路、铺设地下管道以及其他建设工程等活动，需要临时使用草原的，由当地县级人民政府批准，规定使用期限和范围，发给使用许可证，并参照国家和省的有关规定，使用单位要给予补偿，使用期满应恢复草原植被。

在临时使用的草原上，不得修建永久性建筑。

## 第三章　草原经营管理

**第十五条** 各级人民政府要统筹安排，合理配置农、林、牧业用地，充分利用草原资源，发展草原畜牧业。提倡利用退耕地、轮休耕地种植优良牧草。

第十六条 草原的经营管理要实行经济责任制。采取承包、合作经营和利用外资等多种形式，管理、建设草原。

第十七条 从事草原合作经营或承包经营活动，必须依照法律签订合同。

草原的合作经营权，经合作各方同意，可以转让。

草原的承包经营期，不少于十五年。个人承包经营的草原，在合同规定的承包期限内，允许继承人承包，个人承包应得的收益，允许继承。草原的承包经营权，经发包方同意，可以转让。

第十八条 使用国有草原的单位和个人，每年要定期向草原主管部门或其委托的单位交纳草原使用管理费。收费标准和收取、使用办法，由省人民政府制定。

草原使用管理费，要用于草原管理和建设，不准挪作他用。

第十九条 各级人民政府要把治理沙化、碱化和严重退化的草原，纳入国土整治规划，并认真组织实施。对治理上述草原的单位和个人，经县级人民政府批准，十年内免收草原使用管理费，免征五年牧业收入所得税。

第二十条 草原经营者应采取人工种草、草地改良、草地围栏、建设草原水利工程、营造防护林带等多种措施，加快草原建设。草原使用单位和承包者要积极开发饲草资源，推广青贮和饲料加工新技术，实行牲畜舍饲或半舍饲。

第二十一条 草原经营者要合理使用草原，根据草原状况，划分采草区、放牧区和休闲区，实行利用、建设、休闲轮换制度。

第二十二条 合理开发和利用山区草场资源，促进山区畜牧业生产发展。要充分利用林间、林下草场进行放牧和采草。进行林木更新和封山育林时，当地人民政府和林业主管部门应确定放牧采草办法，为山区畜牧业发展提供便利条件。

利用林间、林下草场放牧和采草，要严格遵守森林法律、法规，严禁破坏森林资源。

**第二十三条** 各级草原主管部门要因地制宜办好各种优良牧草种子基地，为建设草原提供牧草种子。

**第二十四条** 各级草原主管部门要组织研究和推广草原畜牧业的先进科学技术，加强草原畜牧业的综合标准化管理工作。

## 第四章 草原保护

**第二十五条** 禁止开垦草原、挖草皮和其他破坏草原植被的活动。已经开垦并造成草原沙化或严重水土流失的，县级以上人民政府应当限期封闭、责令退耕恢复植被。

**第二十六条** 在草原上割灌木、割芦苇、挖药材、挖野生植物、刮碱土、挖肥土、挖沙土、淘砂金等，必须征得草原使用者同意，报乡级或县级人民政府批准，在指定的时间和区域内进行，随挖随填，保留部分植物母株，并交纳草原培育费，用于恢复草原植被，收费标准和收取办法，由省人民政府制定。

未经县级以上人民政府批准，不得采集、砍挖草原上的珍稀野生植物。

禁止在干旱草原、沙化草原砍挖灌木、药材和固沙植物。

**第二十七条** 县级以上草原主管部门要根据当地具体情况，规定不同草场单位面积的载畜量。禁止过度放牧。

**第二十八条** 在草原上收割牧草，应严格按照县级以上人民政府规定的时间、地点、留茬高度、保留植物母株范围及收割强度进行。

**第二十九条** 各级人民政府要做好草原病虫鼠害的预报、防治工作。发生病虫鼠害时，应及时组织除治，防止蔓延。

调运饲草和牧草种子，应按植物检疫部门的有关规定办理。

**第三十条** 各级人民政府应当采取措施，防治草原牲畜疫病和人畜共患疾病。

猎捕草原野生动物，应遵守当地人民政府关于防止疫病流行的规定。在发生动物疫情时，严禁行猎。

**第三十一条** 保护草原珍稀野生动物和益鸟、益兽、益虫。在草原上猎捕野生动物，必须遵守野生动物保护管理的法律、法规。

**第三十二条** 保护草原的生态环境，防止污染。任何单位和个人排放污染草原的废液、废渣、废气，必须按照《中华人民共和国环境保护法》的有关规定执行。

**第三十三条** 机动车辆在草原上行驶，不得离开固定的道路随意改道。

收购的牲畜应按当地草原主管部门指定的路线赶运和放牧，不得与牧民争用牧场和水源。

**第三十四条** 加强草原防火工作，贯彻"预防为主，防消结合"的方针，建立防火责任制，制定草原防火制度和公约。并按下列规定做好防火工作：

（一）每年十月一日至翌年四月三十日为全省草原防火期，在草原防火期内，禁止在草原野外用火；因特殊情况需要用火时，必须经县以上人民政府批准。

（二）不准随意在草原放火烧荒，因特殊情况确需烧荒时，必须采取有效的安全措施，并报县级以上人民政府批准。

（三）发生草原火灾时，当地人民政府应立即组织军民扑救，并查明火灾原因和损失情况，及时处理。

第三十五条　草原的围栏、水井、水利工程等基本建设设施，任何单位和个人不得侵占或毁坏。

第三十六条　加强草原生态环境的保护和科学研究。在有代表性的不同类型的草原，经批准可以建立草地类型自然保护区。

## 第五章　奖励与处罚

第三十七条　有下列先进事迹之一的单位和个人，由人民政府或草原主管部门给予表扬或者奖励：

（一）积极建设草原，促进畜牧业发展成绩显著的；

（二）模范执行草原法规，在草原保护、管理工作中作出突出贡献的；

（三）治理草原沙化、碱化、退化、水土流失，改善草原生态环境成绩显著的；

（四）在培育和生产优良牧草种子工作中成绩显著的；

（五）在草原科学研究、资源勘察、规划和新技术推广工作中作出突出贡献的；

（六）在组织和参加草原防病、治虫、灭鼠、除毒草、扑灭火灾等工作中成绩显著的；

（七）合理利用草原，实行以草定畜、草畜结合成绩显著的。

第三十八条　对违反第八条、第十二条、第三十五条规定，以及其他侵犯草原所有权和使用权的行为，草原主管部门有权责令侵权人停止侵犯，返还非法占用的草原和其他财产，赔偿损失或恢复建设设施。被侵权人也可以请求县级以上草原主管部门处理，或直接向人民法院起诉。

第三十九条　有下列违反本条例行为的，由县级以上草原主管部门按下列规定处罚：

（一）违反第九条规定的，按《中华人民共和国土地管理法》第四十七条规定执行。其中，罚款处以非法所得额的百分之十至百分之五十。

（二）违反第十四条第一款规定的，责令限期恢复草原植被，逾期不恢复的，收取恢复草原植被所需的费用。

违反第十四条第二款规定的，责令限期拆除，逾期不拆除的，没收其建筑物，并收取恢复草原植被所需的费用。

（三）违反第十八条第一款规定的，责令其限期交纳应交费用，拒不交纳的，收回草原使用权。

（四）违反第二十五条规定的，责令其停止开垦，恢复植被；情节严重的，每开垦一亩处五十元以上一百元以下的罚款。

（五）违反第二十六条第一款规定的，责令恢复植被，赔偿损失；情节严重的，每破坏一亩草原处五十元以上一百元以上的罚款。

（六）违反第二十七条规定过度放牧的，给予批评教育；屡教不改的，超载的牲畜数量，按羊单位一元至二元计收草原使用管理费，用于草原建设。

（七）违反第二十八条规定的，给予批评教育；造成草原植被破坏的，没收所得牧草，并处相当于牧草价值百分之十至百分之五十的罚款。

（八）违反第三十条第二款规定，处五十元以上一百元以下的罚款。

（九）违反第三十四条规定，草原防火期内未经批准在野外用火的，处十元至五十元的罚款；引起火灾的，责令其赔偿经济损失，并处五十元至五百元的罚款。

**第四十条**　对违反第二十二条、第二十六条第二款、第二十九条第二款、第三十一条、第三十二条规定的，分别按照有关的法律、法规的规定处理。

**第四十一条** 草原管理部门所收取的恢复草原植被费用，十个月没有用于恢复植被的，由同级财政部门收缴，并对主要责任者给予行政处分。

所收取的赔偿损失款，应全额给予受损失者；罚没收入全额上缴同级财政。

**第四十二条** 草原管理部门的工作人员违反草原法规或利用职权徇私舞弊、欺压群众的行为，由各级人民政府或者上级主管部门从重处罚。

**第四十三条** 对阻碍草原管理人员执行公务，冒充、殴打草原管理人员以及其他违反本条例的行为，情节严重的，由公安机关处罚；构成犯罪的，由司法机关依法追究刑事责任。

**第四十四条** 当事人对罚款和赔偿损失的处罚决定不服的，可在接到处理通知之日起一个月内，向作出处理决定的上一级机关申请复议或向人民法院起诉；逾期不申请复议、不起诉又不履行的，作出处罚决定的机关，可申请人民法院强制执行。

## 第六章 附 则

**第四十五条** 本条例自一九八七年四月一日起施行。过去省内有关规定与本条例有抵触的，按本条例执行；本条例与国家规定有抵触的，按国家规定执行。

# 黑龙江省新一轮草原生态保护
# 补助奖励政策实施方案

黑龙江省畜牧兽医局 黑龙江省财政厅
关于印发《黑龙江省新一轮草原生态保护
补助奖励政策实施方案》的通知
黑牧财〔2016〕156号

各有关市、县（市）畜牧兽医局、财政局：

根据国家农、财两部办公厅印发的《新一轮草原生态保护补助奖励政策实施指导意见（2016—2020年）》（农办财〔2016〕10号）要求，"十三五"时期，我省15个牧业半牧业县将启动实施新一轮草原生态补奖政策。为贯彻落实好这一政策，经省政府同意，现将《黑龙江省新一轮草原生态保护补助奖励政策实施方案》印发给你们，请认真贯彻实施。

黑龙江省畜牧兽医局
黑龙江省财政厅
2016年9月12日

为了贯彻落实国家新一轮草原生态保护补助奖励政策，加快生态文明建设，促进经济和社会可持续发展，根据农业部、财政部《新一轮草原生态保护补助奖励政策实施指导意见（2016—2020

年）》和视频会议精神，结合我省实际，制定本实施方案。

一、任务目标

通过实施草原生态保护补助奖励政策，采取草原围栏封育和人工治理措施，提高草地植被盖度和生产能力，改善草原生态环境，推动畜牧业发展方式转变，促进区域经济可持续发展。"十三五"末，牧区草地综合植被盖度提高 3 个百分点，达到 68%。

二、基本原则

（一）生态优先，绿色发展。遵循"创新、协调、绿色、开放、共享"的发展理念，坚持"生产生态有机结合、生态优先"的基本方针，全面落实各项草原管护制度，恢复和提高草原生态功能，促进畜牧经济可持续发展。

（二）因地制宜，突出重点。坚持草原自我修复和人工治理相结合，根据草原类型和植被状况，合理制定草原围栏和草原治理计划，强化草原禁牧监管，保证政策实施取得成效，并实现预期目标。

（三）任务到县，奖惩并举。草原生态保护补助奖励政策实行资金、任务、目标、责任"四到县"，由县级人民政府对政策实施负总责，建立目标责任制度。省级财政、畜牧两部门将对实施情况组织开展绩效评价，对工作突出、成效显著的县给予绩效资金奖励；对评价考核不合格的，将依据党政领导干部生态环境损害责任追究有关规定，建议有关部门予以责任追究。

（四）公开透明，责权统一。坚持政策内容和实施过程透明，建立健全群众监督机制，保证政策落实公开、公平、公正。进一步完善和规范落实草原承包经营责任制，按照谁受益、谁管护的原则，落实草原围栏等管护责任，使草原使用者和承包经营者切实履行草原管护的责任与义务。

三、实施范围

草原生态保护补助奖励政策实施范围为 15 个牧业半牧业县，不包括区域内的农垦系统。分别是：杜蒙自治县、林甸县、肇源县、肇州县、富裕县、龙江县、泰来县、甘南县、肇东市、安达市、明水县、青冈县、兰西县、同江市、虎林市。

四、政策内容

我省草原生态保护补助奖励政策包括草原围栏建设补贴、草原补播改良补贴、人工种草补贴和绩效考核奖励四个方面。其中，草原围栏建设、草原补播改良和人工种草三项补贴资金切块下达到各县（市），由各县（市）按照本地政策实施总体规划、本方案要求及申报的各项建设任务实施。

（一）草原围栏建设补贴。按照国家草原围栏建设标准，建设全封闭式编结网草原围栏或刺钢丝草原围栏，优先围栏封育单块面积千亩以上的草原和人工治理草原，由乡镇政府牵头，组织中标单位作为项目建设主体统一实施，草原使用单位对围栏建设和后续围栏管护具体负责，每延长米围栏建设补贴最高不超过 30 元。

（二）草原补播改良补贴。根据国家《天然草地退化、沙化、盐渍化的分级指标》（GB 19377—2003）确定的"三化"草原分级标准，按照草原承包经营者自愿原则，对中度"三化"程度以上的草原采取补播改良措施进行治理。草原补播改良以牧草生产企业、合作社、草原承包经营大户为建设主体，每亩补贴最高不超过 80 元。

（三）人工种草补贴。对草原植被状况较差的重度"三化"草原可以采取人工种草措施进行治理，以牧草生产企业、合作社、草原承包经营大户为建设主体，每亩补贴最高不超过 200 元。

（四）绩效考核奖励。按照中央财政草原生态保护补助奖励资金绩效考核评价有关规定，省财政厅会同省畜牧兽医局制定我省绩效考核评价办法，定期组织开展年度绩效考核评价工作，依据考核评价结果给予相应的奖惩。

五、实施步骤

（一）编制规划。县级畜牧部门要对本县域草原资源状况进行全面勘察，根据本县域亟需解决的草原保护建设问题，确定优先建设重点，按照五年政策实施期，合理编制本地草原生态保护补奖政策实施总体规划，并报本级政府审定。

（二）资金申请。县级畜牧部门会同同级财政部门，按照编制的五年规划及当年建设任务，提出年度项目建设资金申请，联合上报省畜牧兽医局和省财政厅。

（三）切块下达项目建设资金。省级畜牧、财政部门根据国家下达的资金总量、各县（市）草原面积及"三化"情况、各县（市）申请的草原保护建设资金需求量以及实施的相关项目建设情况，提出各县（市）年度项目建设资金下达计划，经省政府批准后，切块下达建设资金。

（四）制定年度项目建设实施方案。由各县（市）畜牧部门牵头，会同本级财政部门根据省级财政下达的年度资金总量和本地政策实施总体规划，按照本方案要求编制年度草原生态补奖实施方案，经本级政府批准后实施，并报省级畜牧、财政部门备案。方案一经确定，严禁随意调整。对于方案确定的建设任务，因草原承包经营者放弃草原建设计划或因自然灾害原因无法继续实施的，须经本级政府批准后及时调整实施方案，并上报省级畜牧、财政部门备案。

（五）工程招标采购。草原围栏建设所涉及的建设材料、围栏设计、围栏安装，以及草原补播和人工种草所需要的牧草种子，应由县级畜牧部门组织，通过县级政府采购部门统一采购；草原补播和人工种草地块的整地作业也可通过政府采购部门进行采购。县级畜牧部门应按照本方案规定和国家相关质量技术标准，统一制定上述采购标准，统一组织采购申报，并对采购的供货物资及时取样封存，并请有资质的检验部门进行检验。对检验质量合格的，由县级财政部门按照政府采购规定支付采购资金。

（六）建设施工。要严格按照项目建设年度实施方案建设施工，当年任务当年完成。2016 年度的政策实施，因补播改良和人工种草两项建设已错过实施季节，项目实施可适当延后，于 2017 年 7 月前完成，但施工设计、工程招标采购等应在 2016 年底前完成；围栏建设争取于 2016 年封冻前开工。县级畜牧部门要及时对项目建设各阶段的施工质量进行检查，跟踪项目建设实施进度，发现问题及时整改，确保项目建设进度和建设质量；县级财政部门要加强资金管理，及时拨付资金。

（七）项目验收。由县级畜牧部门牵头，会同财政部门根据年度实施方案和相关国家技术标准组织联合验收（可吸收县级审计、纪检部门参加），对验收合格的，要将各补贴对象身份信息、建设方式、建设地块、建设规模、补贴标准、补贴额度、验收人员等信息，在草原所在村集体显目位置张榜公示，公示期 7 天，设立举报电话，接受群众监督，公示无异议后，由县级财政部门根据畜牧部门提供的补贴信息，向建设主体拨付政府采购之外的补贴资金；对验收不合格的，要提出整改意见，由县级畜牧部门监督其在规定期限内达到建设标准，经验收公示后拨付补贴资金；对整改后验收仍不合格的，不予拨付补贴资金，且不再安排相应建设项目。

六、工作要求

（一）提高思想认识，强化组织领导和责任落实。启动实施新一轮草原生态保护补奖政策，贯彻落实好党中央、国务院这一重大决策部署，也是我省加快推进草原生态文明建设的重要举措，各级党委政府和各相关部门要认真学习领会，结合中办国办《党政领导干部生态环境损害责任追究办法》，从政治高度深刻认识启动实施好新一轮草原生态保护补奖政策的重要性。要强化县级党政领导的政策实施责任主体意识，建立由县级党政主要领导牵头，以各相关部门负责人和乡镇主要领导为成员的政策实施组织协调机构，建立目标管理责任制，层层分解和落实目标责任。要充分利用各类会议、广播电视、报刊杂志、手机网络等载体，加强补奖政策的宣传解读工作，扩大政策的宣传面，提高群众政策认知度，充分调动广大群众参与政策实施的积极性。

（二）规范项目实施管理，确保项目建设质量。各地要围绕提高草原牧草产量和草原综合植被盖度等政策实施目标，加强实地调查和研究论证，统筹编制好总体规划和年度实施方案，突出规划的科学性、针对性。要与退牧还草等相关草原建设项目做好统筹衔接，"十二五"期间安排过草原改良或人工种草等草原改良建设项目的，原则上不得重复安排新的建设项目。在实施过程中，要按照我省政策实施有关要求，强化项目建设质量控制，严格落实招投标制、合同制，严把物资采购和建设质量关，及时发现问题并督促整改，确保项目建设质量。县级畜牧、财政部门要积极会同纪检、监察、审计等部门，加强对政策实施和资金使用情况的监督检查，对政策实施推动不利和政策实施违规操作的，将严肃追究相关人员的责任。

（三）落实好草原保护相关制度，推进牧区草原生态文明建设各项工作协调发展。要在巩固各项草原保护制度落实成果的基础上，进一步完善草原承包经营制度，实现区域内草原应包尽包，确保项目建设地块有主管理，有主经营。要认真落实好项目建设后续管护责任，特别是草原围栏建设，要明确落实草原承包经营者、村集体经济组织等草原使用单位、乡镇政府三者监管责任，明确监管主体，责任到人。要按照《黑龙江省草原条例》规定，认真落实草原禁牧制度，采取切实有效措施，强化禁牧监管力度，防止草原生态"边建设，边破坏"。要严厉打击破坏草原和草原建设设施行为，及时修复毁坏的草原设施，确保项目建设成果得到长期保持和有效巩固。

（四）加强草原生态监测工作，科学评价政策实施成果。草原生态监测既是科学评价草原生态状况的主要手段，也是检验和考核评价新一轮草原生态保护补奖政策实施成效的重要依据。要充分利用我省实施草原生态保护补奖政策的有利契机，制定本县域草原生态监测方案，加快地面固定监测站点建设，合理总局，完善综合监测手段，按时采集监测数据，保证监测数据准确性，以便准确反映本县域草原生态状况和政策实施成效，为政府决策提供科学依据。

（五）严格项目资金管理，确保项目资金使用安全。各地要严格按照项目资金使用管理规定，实行专账管理、专款专用、封闭运行。要加强资金使用监管，严防挪用、截留、滞留项目资金，保证项目资金安全使用。对于招标采购后出现年度项目资金结余的，可按照本地总体规划制定补充实施方案，当年安排结余资金使用，同时报省级畜牧、财政部门备案；年终继续存在资金结余的，在下一年度实施方案中安排使用，并在报省级畜牧、财政部门的实施总结报告中予以说明。

请各县（市）畜牧、财政部门于 9 月 22 日前将本地 2016 年度建设计划和补贴资金需求申请、于 10 月 31 日前将经本级政府批准的五年草原生态保护补奖政策实施总体规划，分别以正式文件报送省畜牧、财政部门备案；在项目资金下达一个月内，将政府批准的年度实施方案上报省级畜牧、财政部门备案；在每年 11 月末将年度政策实施总结以正式文件上报省级畜牧、财政部门（2016 年建设任务当年未完成的，2016 年 11 月和 2017 年 11 月总结上报两次）。

# 内蒙古自治区基本草原保护条例

内蒙古自治区第十一届人民代表大会常务委员会公告

第 31 号

　　2011 年 9 月 28 日内蒙古自治区第十一届人民代表大会常务委员会第 24 次会议通过修订的《内蒙古自治区基本草原保护条例》，现予公布，自 2011 年 12 月 1 日起施行。1998 年 11 月 27 日内蒙古自治区第九届人民代表大会常务委员会第 6 次会议通过的《内蒙古自治区基本草原牧场保护条例》同时废止。

内蒙古自治区人民代表大会常务委员会

2011 年 9 月 29 日

　　(2011 年 9 月 28 日内蒙古自治区第十一届人民代表大会常务委员会第二十四次会议通过；根据 2016 年 3 月 30 日内蒙古自治区第十二届人民代表大会常务委员会第二十一次会议《关于修改〈内蒙古自治区基本草原保护条例〉的决定》修正)

# 第一章　总　则

**第一条**　为了对基本草原实行特殊保护，加强草原生态保护与建设，促进经济和社会的可持续发展，根据《中华人民共和国草原法》和国家有关法律、法规，结合自治区实际，制定本条例。

**第二条**　本条例所称基本草原，是指依法确定实行特殊保护的具有草原生态功能和适用于畜牧业生产的天然草原和人工草地。

**第三条**　在自治区行政区域内从事基本草原的规划、划定、保护、建设、利用和管理活动，适用本条例。

**第四条**　基本草原保护实行科学规划、保护优先、重点建设、合理利用、严格管理的原则。

**第五条**　旗县级以上人民政府应当将基本草原保护纳入国民经济和社会发展规划，保障基本草原保护工作所需经费。

**第六条**　旗县级以上人民政府草原行政主管部门主管本行政区域内基本草原保护监督管理工作。

旗县级以上人民政府草原行政主管部门的草原监督管理机构，负责本行政区域内基本草原保护监督管理的具体工作。

苏木乡镇人民政府应当加强对本行政区域内基本草原保护的监督检查。

**第七条**　任何单位和个人都有保护基本草原的义务，有权参与保护基本草原的社会监督，并有权检举和控告破坏基本草原的违法行为。

**第八条**　旗县级以上人民政府应当采取资金补助、技术扶持等措施，建立基本草原长效生态补偿机制和多渠道增加基本草原建设投入机制。

第九条　旗县级以上人民政府对在基本草原保护工作中做出显著成绩的单位和个人，给予表彰和奖励。

# 第二章　规划与划定

第十条　旗县级以上人民政府草原行政主管部门会同同级有关部门根据上一级基本草原保护规划，结合本地区实际，尊重自然规律、经济和社会发展规律，编制本行政区域基本草原保护规划，报本级人民政府批准后实施。

经批准的基本草原保护规划确需调整或者修改的，应当报原审批机关批准。

第十一条　旗县级人民政府负责基本草原划定工作。

旗县级人民政府草原行政主管部门会同同级有关部门负责基本草原划定的具体工作。

第十二条　下列草原应当划为基本草原：

（一）对调节气候、涵养水源、保持水土、防风固沙具有特殊生态功能的草原；

（二）重要放牧场；

（三）打草场；

（四）用于畜牧业生产的人工草地、饲草饲料地、退耕还草地以及改良草地、草种基地；

（五）国家和自治区重点保护野生动植物生存环境的草原；

（六）草原科研、教学试验基地；

（七）国家和自治区规定应当划为基本草原的其他草原。

第十三条　集体所有草原以嘎查村为单位划定，国家所有草原以使用权单位为单位划定。

划定的基本草原，由旗县级人民政府建立档案，绘制基本草原分布图，设立保护标志，予以公告，并报上一级人民政府备案。

第十四条　划定基本草原的技术规范，由自治区人民政府草原行政主管部门制定。

# 第三章　保护与利用

第十五条　禁止在基本草原上实施下列行为：

（一）开垦基本草原；

（二）擅自改变基本草原用途；

（三）毁坏围栏、人畜饮水设施等草原建设保护设施；

（四）擅自钻井提取工业用水；

（五）挖鱼塘、挖沟渠、铲草皮、挖草炭等破坏草原植被的行为；

（六）建造坟墓；

（七）违反环境保护法律、法规倾倒排放固体、液体、气体废物和生活垃圾或者造成环境噪声污染、粉尘污染、放射性污染、电磁波辐射污染；

（八）其他破坏基本草原的行为。

第十六条　除抢险救灾和牧民搬迁的机动车辆外，禁止机动车辆离开道路在基本草原上行驶，破坏草原植被；因从事地质勘探、科学考察等活动确需离开道路在基本草原上行驶的，应当事先向所在地旗县级人民政府草原行政主管部门报告行驶区域和行驶路线，并按照报告的行驶区域和行驶路线在基本草原上行驶。

第十七条　在基本草原上开展经营性旅游活动的，应当符合基本草原保护规划，经旗县级以上人民政府草原行政主管部门批准后，方可办理有关手续。

旗县级以上人民政府草原行政主管部门应当对旅游经营者落实基本草原保护责任的情况进行经常监督。

**第十八条** 进行矿藏开采和工程建设确需征收、征用或者使用基本草原的，必须经自治区以上人民政府草原行政主管部门审核同意后，依照有关土地管理的法律、行政法规办理建设用地审批手续。

征收、征用或者使用基本草原的查验工作，由自治区草原监督管理机构负责组织实施。

**第十九条** 在基本草原上进行勘探、钻井、修筑地上地下工程、采土、采砂、采石、开采矿产资源等作业活动临时占用基本草原不足2公顷的，由旗县级人民政府草原行政主管部门审核同意；2公顷以上不足30公顷的，由盟行政公署、设区的市人民政府草原行政主管部门审核同意；30公顷以上的，由自治区人民政府草原行政主管部门审核同意。

临时占用基本草原的期限不得超过二年，并不得在临时占用的基本草原上修建永久性建筑物、构筑物。

**第二十条** 经批准征收、征用基本草原的，应当支付草原补偿费、安置补助费和附着物补偿费。

草原补偿费、安置补助费标准按照国家和自治区有关规定执行，附着物补偿费按照实际损失合理支付。

**第二十一条** 征收、征用、使用基本草原或者临时占用基本草原未履行恢复义务的，应当依法交纳草原植被恢复费，并采取相应预防措施，保障草原植被恢复。草原植被恢复费专款专用，由草原行政主管部门按照规定用于恢复草原植被，任何单位和个人不得截留、挪用。

第二十二条　自治区依法实行草畜平衡制度和禁牧休牧轮牧制度，并按照国家和自治区有关规定对落实制度的农牧民给予奖励补助。

第二十三条　饲草饲料基地建设应当符合基本草原保护规划。饲草饲料种植的种类由旗县级人民政府草原行政主管部门作出具体规定。

第二十四条　在基本草原上从事采集、收购国家二级保护和自治区确定重点保护草原野生植物的，应当依法办理草原野生植物采集、收购许可。

取得草原野生植物采集、收购许可证的，应当按照采集、收购许可证规定的植物种类、区域、期限、数量和方法进行采集、收购。

第二十五条　征收、征用、使用或者临时占用基本草原的，应当遵守有关建设项目环境保护法律、法规的规定，在建设项目环境影响报告书中，应当有基本草原环境保护方案。建设项目批准后，基本草原环境保护方案应当与建设项目同时实施。

第二十六条　旗县级以上人民政府草原行政主管部门应当会同同级环境保护行政主管部门对基本草原环境质量和污染状况进行跟踪监测，定期向本级人民政府提出环境质量与变化趋势的报告。

第二十七条　因发生事故或者突发性事件，造成或者可能造成基本草原生态破坏或者环境污染事故的，当事人应当立即采取措施，并向所在地环境保护行政主管部门和草原行政主管部门报告，接受调查处理。

# 第四章　监督管理

第二十八条　自治区实行基本草原保护管理目标责任制度。

旗县级人民政府应当将基本草原保护管理工作纳入年度目标责任考核，并与苏木乡镇人民政府签订基本草原保护责任书。旗县级人民政府应当与草原使用权单位签订基本草原保护责任书。苏木乡镇人民政府应当与草原所有权单位签订基本草原保护责任书。

**第二十九条** 旗县级以上人民政府应当建立基本草原保护监督检查制度，定期组织有关部门对受理检举控告和查处破坏基本草原违法行为的情况，实行草畜平衡、禁牧休牧轮牧、草原生态保护奖励补助的情况，草原重点建设的情况以及征收、征用、使用或者临时占用基本草原等情况进行检查，并向上一级人民政府报告。

**第三十条** 草原监督管理人员依法履行职责时，应当佩戴统一明显标识，出示自治区人民政府核发的行政执法证件。有关单位和个人应当给予支持和配合，不得拒绝或者阻碍。

# 第五章　法律责任

**第三十一条** 未按照本条例第十一条、第十二条、第十三条规定划定基本草原的，由上一级人民政府责令限期改正，对直接负责的主管人员和其他直接责任人员依法给予行政处分。

**第三十二条** 违反本条例第十五条规定，有下列行为之一的，由旗县级以上草原监督管理机构责令停止违法行为，限期恢复植被，没收非法财物和违法所得，并按下列规定处罚；给草原所有者或者使用者造成损失的，依法承担赔偿责任；构成犯罪的，依法追究刑事责任：

（一）开垦基本草原的，处以违法所得三倍以上五倍以下的罚款；没有违法所得的，处以5000元以上5万元以下的罚款；

（二）擅自改变基本草原用途的，处以每亩1000元以上5000

元以下的罚款；

（三）毁坏围栏、人畜饮水设施等草原建设保护设施的，责令限期修复，并处以实际损失三倍以下的罚款；

（四）挖鱼塘、挖沟渠、铲草皮、挖草炭的，处以每亩 5000 元以上 1 万元以下的罚款；

（五）建造坟墓的，责令限期迁出，并处以 1000 元以上 2000元以下的罚款。

**第三十三条** 违反本条例第十五条第四项、第七项规定，擅自钻井提取工业用水、向基本草原倾倒排放固体、液体、气体废物和生活垃圾以及造成环境噪声污染、粉尘污染、放射性污染、电磁波辐射污染的，由草原监督管理机构配合有关部门依照相关法律、法规规定处罚；给草原所有者或者使用者造成损失的，依法承担赔偿责任。

**第三十四条** 违反本条例第十六条规定，非抢险救灾和牧民搬迁的机动车辆离开道路在基本草原上行驶，或者从事地质勘探、科学考察等活动，未事先向所在地旗县级人民政府草原行政主管部门报告或者未按照报告的行驶区域和行驶路线在基本草原上行驶，破坏草原植被的，由旗县级草原监督管理机构责令停止违法行为，限期恢复植被，可以并处草原被破坏前三年平均产值三倍以上九倍以下的罚款；给草原所有者或者使用者造成损失的，依法承担赔偿责任。

**第三十五条** 违反本条例规定，对正在使用机械和设备开垦和破坏基本草原的，旗县级以上草原监督管理机构应当责令其立即停止违法行为，并按照《中华人民共和国行政处罚法》第三十七条有关规定予以处理。

**第三十六条** 违反本条例规定，未经批准或者采取欺骗手段骗取批准，非法使用基本草原的，由旗县级以上草原监督管理机构责令退还非法使用的基本草原，限期拆除在非法使用基本草原上新建的建筑物和其他设施，恢复草原植被，并处以该基本草原被非法使用前三年平均产值九倍以上十二倍以下的罚款；构成犯罪的，依法追究刑事责任。

**第三十七条** 违反本条例第十九条第二款规定，在临时占用的基本草原上修建永久性建筑物、构筑物或者临时占用期满未拆除临时性建筑物、构筑物的，由旗县级以上草原监督管理机构责令限期拆除；逾期不拆除的，依法强制拆除，所需费用由违法者承担。

**第三十八条** 违反本条例第二十二条规定，有下列行为之一的，由旗县级以上草原监督管理机构给予警告，并按照下列规定处罚：

（一）在基本草原上超过核定的载畜量放牧的，责令限期改正；逾期未改正的，处以每个超载羊单位100元的罚款；

（二）在实行禁牧休牧的基本草原上放牧的，处以每个羊单位30元的罚款。

**第三十九条** 违反本条例第二十三条规定，饲草饲料基地建设不符合基本草原规划或者饲草饲料种植种类不符合规定的，由旗县级以上草原监督管理机构责令停止违法行为，限期改正；逾期未改正的，处以每亩200元以上500元以下的罚款。

**第四十条** 违反本条例第二十四条规定，未取得草原野生植物采集、收购许可证或者未按照采集、收购许可证的规定采集、收购草原野生植物的，由旗县级以上草原监督管理机构责令停止违法行为，没收非法财物和违法所得，并处以违法所得三倍以上五倍以下的罚款；有草原野生植物采集、收购许可证的，吊销草原野生植物采集、收购许可证；给草原所有者或者使用者造成损失的，依法承担赔偿责任。

**第四十一条** 草原行政主管部门、草原监督管理机构以及其他国家机关工作人员有下列行为之一的，由其所在单位或者上级主管部门对直接负责的主管人员和其他直接责任人员依法给予行政处分；构成犯罪的，依法追究刑事责任：

（一）截留、挪用草原补偿费、安置补助费、附着物补偿费、植被恢复费和草原生态保护奖励补助费的；

（二）无权批准或者超越批准权限批准征收、征用、使用和临时占用基本草原的；

（三）违反法定程序批准征收、征用、使用和临时占用基本草原的；

（四）未依法履行监督管理职责的；

（五）对检举和控告破坏基本草原的违法行为不予受理或者发现违法行为不予查处，造成严重后果的；

（六）有其他玩忽职守、滥用职权、徇私舞弊行为的。

# 第六章 附 则

**第四十二条** 本条例第三十八条所称"羊单位"是指牲畜的计算单位。一只羊等于一个羊单位，一头牛等于五个羊单位，一匹马等于六个羊单位，一头驴等于三个羊单位，一匹骡等于五个羊单位，一峰驼等于七个羊单位。

**第四十三条** 本条例自 2011 年 12 月 1 日起施行。1998 年 11 月 27 日内蒙古自治区第九届人民代表大会常务委员会第六次会议通过的《内蒙古自治区基本草牧场保护条例》同时废止。

# 附 录

## 内蒙古自治区草原管理条例

### 内蒙古自治区人民代表大会常务委员会公告

2004 年 11 月 26 日内蒙古自治区第十届人民代表大会常务委员会第十二次会议修订通过《内蒙古自治区草原管理条例》，现予公布，自 2005 年 1 月 1 日起施行。

2004 年 11 月 26 日

## 第一章 总 则

**第一条** 为了保护、建设和合理利用草原，改善生态环境，维护生物多样性，发展现代畜牧业，促进经济和社会的可持续发展，根据《中华人民共和国民族区域自治法》、《中华人民共和国草原法》和国家有关法律、法规，结合自治区实际，制定本条例。

**第二条** 本条例所称草原是指具有草原生态功能和适用于畜牧业生产的天然草原和人工草地。

**第三条** 在自治区行政区域内从事草原规划、保护、建设、利用和管理活动，适用本条例。

**第四条** 各级人民政府应当将草原的保护、建设和利用纳入国民经济和社会发展计划。

各级人民政府应当对草原保护和建设实行目标管理责任制。

**第五条** 旗县级以上人民政府草原行政主管部门主管本行政区域内的草原监督管理工作。

旗县级以上人民政府草原行政主管部门的草原监督管理机构，依法负责草原监督管理具体工作。下级草原监督管理机构接受上级草原监督管理机构的工作监督和指导。

苏木乡级人民政府应当加强对本行政区域内草原保护、建设和利用情况的监督检查，根据需要可以设专职或者兼职人员负责具体监督检查工作。

**第六条** 林业、水利、公安、工商等部门按照各自职责，配合草原行政管理部门做好草原保护和建设的相关工作。

**第七条** 旗县级以上人民政府对在草原管理、保护、建设、合理利用、科学研究和技术推广等工作中做出显著成绩的单位和个人，应当给予表彰奖励。

## 第二章 草原权属

**第八条** 自治区行政区域内的草原，属于国家所有和集体所有：

（一）旗县级以上人民政府已经批准划拨给国有企业、事业单位和用于军事用地的草原属于国家所有；

（二）牧区、农村集体经济组织使用的草原属于集体所有，但依法使用国家所有的草原除外。

**第九条** 已经确认使用权的国家所有的草原，由旗县级以上人民政府登记，核发草原使用权证；未确认使用权的国家所有的草原，由旗县级以上人民政府登记造册，并负责保护管理。

集体所有的草原，由旗县级人民政府登记，核发草原所有权证，确认所有权。

依法改变草原权属的，应当办理草原权属变更登记手续。

**第十条** 集体所有的草原，由本集体经济组织内的家庭或者联户承包经营；国家所有的草原，可以由拥有使用权的单位承包给内部的成员经营。

在草原承包经营期内，不得对承包经营者使用的草原进行调整；个别确需适当调整的，必须经本集体经济组织成员的嘎查村民会议三分之二以上成员或者三分之二以上嘎查村民代表同意，并报苏木乡级人民政府和旗县级人民政府草原行政主管部门批准。

**第十一条** 草原承包经营权可以按照平等协商、自愿、有偿的原则依法流转。未实行承包经营的国有草原和集体所有草原不得流转。

草原承包经营权流转时应当符合以下条件：

（一）不改变草原所有权、使用权的性质和草原的用途；

（二）在同等条件下，本集体经济组织成员享有优先权；

（三）受让方应当依法履行保护、建设和合理利用草原的义务。

草原承包经营权流转的具体办法由自治区人民政府制定。

**第十二条** 依法登记的草原所有权、使用权和承包经营权受法律保护，任何单位和个人不得侵犯。

任何单位和个人不得侵占、买卖或者以其他形式非法转让草原。

**第十三条** 草原所有权、使用权的争议，由当事人协商解决；协商不成的，由有关人民政府处理；当事人对处理决定不服的，可以依法向人民法院起诉。

在草原权属争议解决前，不得在有争议的地区进行下列活动：

（一）迁入居民；

（二）破坏原有的生产生活设施，修建围栏、棚圈、放牧点等生产生活设施以及其他永久性建筑；

（三）改变草原利用现状；

（四）对有争议的草原发放权属证书。

## 第三章　草原规划

**第十四条**　自治区对草原保护、建设、利用实行规划制度。

旗县级以上人民政府草原行政主管部门会同同级有关部门，依据上一级草原保护、建设、利用规划，编制本行政区域的草原保护、建设、利用规划，报本级人民政府批准后实施，并逐级进行监督。

经批准的草原保护、建设、利用规划确需调整或者修改时，须经原批准机关批准。

**第十五条**　自治区建立草原调查制度。

旗县级以上人民政府草原行政主管部门会同同级有关部门每五年进行一次草原调查。草原所有者或者使用者应当支持、配合调查，并提供有关资料。

旗县级以上人民政府草原行政主管部门应当建立草原资源档案和数据库。

旗县级以上人民政府草原行政主管部门依据草原等级评定标准，对草原进行评等定级。

**第十六条**　自治区建立草原统计制度。

旗县级以上人民政府草原行政主管部门和同级统计部门共同制定草原统计调查办法，依法对草原的面积、等级、产草量、载畜量以及草原建设等进行统计，统计部门应当每年发布草原统计信息。

**第十七条** 自治区建立草原生产与生态监测预警系统。

旗县级以上人民政府草原行政主管部门对草原的面积、等级、植被构成、生产能力、自然灾害、生物灾害等草原基本状况，以及草原保护与建设效益实行动态监测，及时为本级政府和有关部门提供动态监测和预警信息服务。

旗县级以上人民政府接到预警信息后，应当及时采取相应的防止和控制措施。

## 第四章 草原建设

**第十八条** 旗县级以上人民政府应当增加草原建设的投入，支持草原建设。

各级人民政府鼓励单位和个人投资建设草原，按照谁投资、谁受益的原则，保护草原投资建设者的合法权益。

**第十九条** 各级人民政府鼓励、支持和引导单位和个人进行人工草地建设、天然草原改良、饲草饲料基地建设；开展牧民定居点、防灾基地、草原围栏、饲草饲料储备、牲畜棚圈等生活生产设施的建设。

各级人民政府鼓励和引导农牧民采用免耕补播、撒播或者飞播等不破坏草原原生植被的方式建设草原。

**第二十条** 旗县级以上人民政府草原行政主管部门应当按照草原保护、建设、利用规划加强草种基地建设，鼓励选育、引进、推广优良牧草品种。

草种生产、加工、检验、检疫应当执行国家、行业和自治区的质量管理办法和标准。国家投资的草原建设、生态建设用草种应当经有资质的质量检验、检疫机构检验合格，保证草种质量。

**第二十一条** 各级人民政府应当按照草原保护、建设、利用规划，对退化、沙化、盐碱化、荒漠化和水土流失的草原，划定治理区，组织专项治理。

牧区、半农半牧区的草原综合治理，列入自治区国土整治计划。

**第二十二条** 旗县级以上人民政府应当根据草原保护、建设、利用规划，在本级国民经济和社会发展计划中安排用于草原改良、人工种草和草种生产的资金，任何单位或者个人不得截留、挪用。旗县级以上人民政府财政部门和审计部门应当加强管理和监督。

## 第五章　草原利用

**第二十三条** 草原承包经营者应当履行合理利用草原的义务，不得超过草原行政主管部门核定的载畜量；草原承包经营者应当采取种植和储备饲草饲料、增加饲草饲料供应量、调剂处理牲畜、优化畜群结构、提高出栏率、进行草原流转等措施，保持草畜平衡。

**第二十四条** 在草原上采集甘草、麻黄草、苁蓉、防风、黄芩、柴胡等野生植物，应当遵守国家和自治区的有关规定。

**第二十五条** 国家和自治区为了公共利益的需要，依照法律征收或者征用草原的，应当支付草原补偿费、安置补助费和附着物补偿费。

草原补偿费按照该草原被征收或者征用前五年平均饲养牲畜价值和年产经济植物价值之和的十倍支付；安置补助费按照每亩被征收或者征用草原前五年平均饲养牲畜价值和年产经济植物价值之和的十至十五倍支付；附着物补偿费按照实际损失合理支付。

依照法律征收、征用或者使用草原的，应当交纳草原植被恢复费。草原植被恢复费专款专用，由草原行政主管部门按照规定用于草原植被恢复，任何单位和个人不得截留、挪用。

**第二十六条** 在草原上进行勘探、钻井、修筑地上地下工程等需要临时占用草原的，草原占用者应当根据草原权属，征得草原所有权或者使用权单位以及草原承包经营者的同意，报旗县级以上人民政府草原行政主管部门批准，按照规定的时间、区域和作业方式进行。占用期满，占用者应当恢复草原植被，并及时退还。

临时占用草原的单位，应当按照被占用草原前五年平均饲养牲畜价值和年产经济植物价值之和，并按占用时限给予草原承包经营者一次性补偿；未承包经营的草原给予拥有草原所有权或者使用权的单位补偿。

临时占用草原的期限不得超过两年，不得在临时占用的草原上修建永久性建筑物和构筑物。

**第二十七条** 在草原上修建直接为草原保护和畜牧业生产服务的工程设施，需要使用草原十亩以下的，由旗县级人民政府草原行政主管部门批准；十亩以上一百亩以下的，由盟行政公署、设区的市人民政府草原行政主管部门批准；一百亩以上的由自治区人民政府草原行政主管部门批准。

前款所称直接为草原保护和畜牧业生产服务的工程设施，是指：

（一）生产、贮存草种和饲草饲料的设施；

（二）牲畜圈舍、配种点、剪毛点、药浴池、人畜饮水设施；

（三）科研、试验、示范基地；

（四）草原防火和灌溉设施。

## 第六章　草原保护

**第二十八条** 自治区实行基本草原保护制度，对基本草原实施严格管理。

第二十九条 禁止开垦草原。

各级人民政府对水土流失严重、有沙化趋势、需要改善生态环境的已垦草原，应当有计划、有步骤地退耕还草；已造成退化、沙化、盐碱化、荒漠化的，应当限期治理。

第三十条 自治区对草原实行以草定畜、草畜平衡制度。

草畜平衡核定由旗县级人民政府草原行政主管部门每三年进行一次，并落实到草原所有者和使用者。

第三十一条 已经承包经营的国有草原和集体所有草原，依据核定的载畜量，由拥有草原使用权或者所有权的单位与草原承包经营者签定草畜平衡责任书。

未承包经营的国有草原，由草原使用者与旗县级以上人民政府签定草畜平衡责任书。

未承包经营的集体所有草原，由草原所有者与苏木乡级人民政府签定草畜平衡责任书。

第三十二条 自治区依法实行退耕、退牧还草和禁牧、休牧制度。

禁牧、休牧的地区和期限由旗县级人民政府确定并予以公告。

不得在禁牧、休牧的草原上放牧。

第三十三条 实施草原建设项目以及草原承包经营者建设小面积人工草地需要改变草原原生植被的，应当符合草原保护、建设、利用规划。旗县级以上人民政府草原行政主管部门应当加强监督检查。

第三十四条 不得在下列草原地区建设旱作人工草地：

（一）年平均降水量在 250 毫米以下的；

（二）坡度 20 度以上的；

（三）土质、土壤条件不适宜种植的。

第三十五条 禁止在荒漠、半荒漠和严重退化、沙化、盐碱化、荒漠化和水土流失的草原以及生态脆弱区的草原上采挖植物和从事破坏草原植被的其他活动。

第三十六条 禁止采集、加工、收购和销售发菜。

经自治区人民政府批准，旗县级以上人民政府可以组织有关部门在本行政区域内重点出入通道设置临时检查站，查堵外出或者进入草原地区采集发菜的人员。

第三十七条 自治区人民政府草原行政主管部门负责在草原上采集甘草、麻黄草、苁蓉、防风、黄芩、柴胡等野生植物的管理工作。

禁止采集和收购带根野生麻黄草。

草原野生植物的采集、收购管理办法由自治区人民政府制定。

第三十八条 严禁在草原上进行非法捕猎活动。

禁止在草原上买卖和运输鹰、雕、猫头鹰、百灵鸟、沙狐、狐狸和鼬科动物等草原鼠虫害天敌和草原珍稀野生动物。

第三十九条 因建设征收或者征用草原的，应当遵守国家和自治区有关环境保护管理法律法规的规定；在建设项目环境影响报告书中，应当有草原环境保护方案。

第四十条 在草原上从事采土、采砂、采石等作业活动，应当报旗县级人民政府草原行政主管部门批准。开采矿产资源的，并应当依法办理有关手续。

经批准在草原上从事本条第一款所列活动的，应当在规定的时间、区域内，按照准许的采挖方式作业，并采取保护草原植被的措施。

在他人使用的草原上从事本条第一款所列活动的，还应当事先征得草原使用者的同意。

**第四十一条** 各级人民政府应当加强草原生态环境的管理，防止废水、废气、废渣及其他污染源对草原的污染。

造成草原生态环境污染的，当事人应当接受调查处理，并立即采取补救措施。

## 第七章 草原监督管理

**第四十二条** 草原监督管理机构的主要职责：

（一）宣传贯彻草原法律、法规，监督检查草原法律、法规和政策的实施；

（二）对违反草原法律、法规的行为进行查处；

（三）负责草原所有权、使用权和承包经营权的审核、登记、管理的相关工作；

（四）负责草原权属争议的调解及办理调剂使用草原的相关工作；

（五）对征收或者征用草原和草原建设项目等进行现场勘验、监督检查，处理临时占用草原的有关事宜；

（六）协助有关部门做好草原防火的具体工作；

（七）受草原行政主管部门委托，开展草原监督管理有关工作。

**第四十三条** 草原监督管理人员履行监督检查职责时，有权采取以下措施：

（一）要求被检查单位或者个人提供相关的文件和资料，进行查阅或者复制；

（二）要求被检查单位或者个人对草原权属等问题作出说明；

（三）进入违法现场进行拍照、摄像和勘验；

（四）责令被检查单位或者个人停止违反草原法律、法规的行为，履行法定义务。

**第四十四条** 有关单位和个人对草原监督检查人员的监督检查工作应当给予支持、配合，不得拒绝或者阻碍草原监督检查人员依法执行职务。

草原监督检查人员在履行监督检查职责时，应当佩带明显标识，出示自治区人民政府统一核发的行政执法证。

## 第八章 法律责任

**第四十五条** 违反本条例规定，有下列行为之一的，依照《中华人民共和国草原法》的有关规定处罚：

（一）买卖或者以其他形式非法转让草原的；

（二）未经批准或者采取欺骗手段骗取批准，非法使用草原的；

（三）非法开垦草原的；

（四）在荒漠、半荒漠和严重退化、沙化、盐碱化、荒漠化、水土流失的草原，以及生态脆弱区的草原上采挖植物或者从事破坏草原植被的其他活动的；

（五）未经批准或者未按规定的时间、区域和采挖方式在草原上进行采土、采砂、采石等活动的；

（六）临时占用草原，占用期届满，用地单位不予恢复草原植被的；

（七）未经批准擅自改变草原保护、建设、利用规划的。

**第四十六条** 违反本条例第二十三条规定，超载放牧的，由草原监督管理机构给予警告，并限期改正；逾期未改正的，处以每个超载羊单位30元的罚款。

违反本条例第三十一条规定，不签订草畜平衡责任书的，由草原监督管理机构责令限期签订；逾期仍不签订的，对责任人处以500元以下的罚款。

**第四十七条** 违反本条例第三十二条第三款规定，在禁牧、休牧的草原上放牧的，由草原监督管理机构给予警告，并处以每个羊单位 5 元以上 10 元以下的罚款。

**第四十八条** 违反本条例第三十三条、第三十四条规定，实施草原建设项目、建设小面积人工草地及建设旱作人工草地的，由草原监督管理机构责令停止违法行为，限期恢复植被，可以并处每亩草原 200 元以上 2000 元以下的罚款，最高不得超过 5 万元；给草原所有者或者使用者造成损失的，依法承担赔偿责任。

**第四十九条** 违反本条例第三十六条第一款、第三十七条第二款规定，采集、收购、加工、销售发菜和采集、收购带根野生麻黄草的，由有关部门依据职权责令其停止违法行为，没收非法财物和违法所得，可以并处违法所得一倍以上五倍以下的罚款；没有违法所得的，可以并处 5 万元以下的罚款；给草原所有者或者使用者造成损失的，依法承担赔偿责任；构成犯罪的，依法追究刑事责任。

**第五十条** 违反本条例第三十八条规定，买卖和运输草原鼠虫害天敌和草原珍稀野生动物的，由草原监督管理机构配合有关行政主管部门依法进行处理。

**第五十一条** 国家机关工作人员和草原监督管理机构工作人员有下列行为之一的，由有关部门对直接负责的主管人员和其他直接责任人员依法给予行政处分；构成犯罪的，依法追究刑事责任：

（一）截留、挪用草原改良、人工种草和草种生产资金或者草原植被恢复费的；

（二）无权批准征收、征用和使用草原的单位或者个人非法批准征收、征用和使用草原的；

（三）超越批准权限非法批准征收、征用和使用草原的，或者违反法定程序批准征收、征用和使用草原的；

（四）擅自对草原承包经营期内的草原进行调整的；

（五）未及时提供草原生产与生态监测预警信息，或者接到预警信息后未及时采取相应防止和控制措施的；

（六）在国家投资的草原建设、生态建设中使用不合格草种的。

## 第九章　附　则

**第五十二条**　本条例自 2005 年 1 月 1 日起施行。

# 内蒙古自治区草原管理条例实施细则

内蒙古自治区人民政府令

第 145 号

《内蒙古自治区草原管理条例实施细则》已经 2006 年 1 月 12 日自治区人民政府第 2 次常务会议讨论通过，现予发布，自 2006 年 5 月 1 日起施行。

自治区主席　杨晶

二〇〇六年三月二十一日

（1998 年 6 月 17 日内蒙古自治区人民政府第 5 次常务会议通过，1998 年 8 月 4 日内蒙古自治区人民政府令第 86 号发布，2006 年 1 月 12 日内蒙古自治区人民政府第 2 次常务会议修订）

## 第一章　总　则

**第一条**　根据《中华人民共和国草原法》、《内蒙古自治区草原管理条例》和有关法律法规，结合自治区实际，制定本细则。

**第二条**　在自治区行政区域内从事草原规划、保护、建设、利用和管理活动，适用本细则。

**第三条**　旗县级以上人民政府草原行政主管部门主管本行政区

域内的草原监督管理工作。

旗县级以上人民政府草原行政主管部门的草原监督管理机构，依法负责草原监督管理具体工作。下级草原监督管理机构接受上级草原监督管理机构的工作监督和指导。

苏木乡级人民政府应当加强对本行政区域内草原保护、建设和利用情况的监督检查，根据需要可以设专职或者兼职人员负责具体监督检查工作。

**第四条** 公安、工商、环境保护、国土资源、林业、水利等相关部门按照各自职责，配合草原监督管理部门做好草原保护的相关工作。

## 第二章 承包经营

**第五条** 在草原承包经营期内，发包方不得收回承包的草原。

承包期内，承包方全家迁入小城镇落户的，应当按照承包方的意愿，保留其草原承包经营权，允许其依法进行草原承包经营权流转。

承包期内，承包方全家迁入设区的市，转为非农业户口的，应当将承包的草原交回发包方。承包方不交回的，发包方可以依法收回承包的草原。

承包期内，承包方交回承包草原或者发包方依法收回承包草原时，承包方在承包草原上投资，建设畜牧业生产设施、提高草原生产能力的，有权获得相应的补偿。

**第六条** 承包期内，发包方不得调整承包草原。因自然灾害严重毁损承包草原等特殊情形确需对个别农牧户承包的草原进行适当调整的，必须经本集体经济组织成员的嘎查村民会议三分之二以上成员或者三分之二以上嘎查村民代表的同意，并报苏木乡级人民政府和旗县级人民政府草原行政主管部门批准。承包合同中约定不得调整的，按照其约定。

下列草原可以用于调整：

（一）集体经济组织预留的机动草原；

（二）发包方依法收回的草原；

（三）承包方自愿交回的草原；

（四）通过治理增加或者自然变化形成，并依法办理变更手续的草原。

**第七条** 按规定已经预留的机动草原，应当用于：

（一）修建直接为草原保护和畜牧业生产服务的工程设施；

（二）救灾、扶贫；

（三）发展壮大集体经济；

（四）本细则第六条规定的调整承包草原；

（五）本集体经济组织公共利益的其他用途。

**第八条** 承包期内，发包方不得单方面解除承包合同，不得假借少数服从多数强迫承包方放弃或者变更草原承包经营权，不得将承包草原收回抵顶欠款。

**第九条** 承包期内，承包方可以自愿将承包草原交回发包方。承包方自愿交回承包草原的，应当提前半年以书面形式通知发包方。承包方在承包期内交回承包草原的，在承包期内不得再要求承包草原。

**第十条** 承包期内，妇女结婚，在新居住地未取得承包草原或者承包地的，发包方不得收回其原承包草原；妇女离婚或者丧偶，仍在原居住地生活或者不在原居住地生活但在新居住地未取得承包草原或者承包地的，发包方不得收回其原承包草原。

**第十一条** 非集体经济组织成员的单位和个人，未经法定程序，不得承包经营草原。

各级人民政府应当依法对非法承包经营的草原进行清退。

## 第三章 草原承包经营权流转

**第十二条** 草原承包经营权流转的方式包括转包、出租、互换、转让或者其他方式。

草原承包经营权流转的主体是承包方。承包方有权依法自主决定草原承包经营权是否流转和流转的方式。

不得以草原承包经营权作抵押或者抵顶债款。

**第十三条** 承包方将草原承包经营权转包或者出租给第三方，承包方与发包方的承包关系不变。

**第十四条** 承包方之间为了方便生产和生活，可以对属于同一集体经济组织内的草原承包经营权进行互换。

**第十五条** 承包方有稳定的非农牧职业或者有稳定的收入来源的，经发包方同意，可以将全部或者部分草原承包经营权转让给本集体经济组织内的其他成员，由该成员同发包方确立新的承包关系，原承包方与发包方的承包关系即行终止。

**第十六条** 承包方之间为发展畜牧业经济，可以自愿联合将草原承包经营权入股，从事畜牧业生产。

**第十七条** 草原承包经营权流转的转包费、租金、转让费等，应当由当事人双方协商确定。流转的收益归承包方所有，任何组织和个人不得擅自截留、扣缴。

**第十八条** 旗县级人民政府草原行政主管部门应当依据当地草

原的生产能力和利用方式每年发布草原有偿流转的信息。

**第十九条** 承包方有下列情形之一的，提倡草原承包经营权流转：

（一）无牲畜或者牲畜较少的；

（二）已不从事畜牧业生产的；

（三）已不在当地经常居住的。

**第二十条** 草原承包经营权采取转包、出租、互换、转让或者其他方式流转，当事人双方应当签定书面流转合同。采取转让方式流转的，应当经发包方同意；采取转包、出租、互换或者其他方式流转的，当事人双方应当报发包方备案。

流转合同的内容应当包括：

（一）当事人双方的基本情况；

（二）草原的名称、面积、四至界限、等级；

（三）草原用途；

（四）附属生产设施；

（五）当事人双方的权利和义务；

（六）流转的形式、价款及其支付方式；

（七）流转的期限和起止日期；

（八）违约责任。

**第二十一条** 草原承包经营权依法进行流转的，发包方应当在流转合同签定后，到旗县级人民政府草原行政主管部门的草原监督管理机构备案。

## 第四章 草畜平衡

**第二十二条** 自治区实行草畜平衡制度。

旗县级人民政府草原行政主管部门依据国家、自治区的有关规定和标准，对草畜平衡核定每三年进行一次，向草原使用者和所有者公布。

自治区人民政府草原行政主管部门应当根据国家规定的草原载畜量标准制定并公布不同草原类型的具体载畜量标准。

第二十三条　草畜平衡应当核定下列事项：

（一）天然草原的类型、等级、面积、产草量；

（二）人工草地、饲草料地的面积、饲草料产量；

（三）有稳定来源的其他饲草饲料量；

（四）根据可食饲草饲料总量计算的适宜载畜量；

（五）实际饲养牲畜的种类和数量；

（六）天然草原保护、建设、利用情况和沙化、退化现状。

第二十四条　草原使用者、所有者或者承包经营者对核定的草原载畜量有异议的，可以自收到核定通知之日起 30 日内向旗县级人民政府草原行政主管部门申请复核一次，旗县级人民政府草原行政主管部门应当在 30 日内作出复核决定。

第二十五条　国有草原由旗县级以上人民政府草原行政主管部门组织草原使用者，依据核定的适宜载畜量，与草原承包经营者签定草畜平衡责任书。

集体所有草原由苏木乡级人民政府组织草原所有者，依据核定的适宜载畜量，与草原承包经营者签定草畜平衡责任书。

未承包经营的国有草原，由草原使用者与旗县级以上人民政府签定草畜平衡责任书。

未承包经营的集体所有草原，由草原所有者与苏木乡级人民政府签定草畜平衡责任书。

草原使用权和所有权单位应当将适宜载畜量的具体情况予以公示。

**第二十六条** 草畜平衡责任书应当载明以下事项：

（一）草原的四至界限、面积、类型、等级；

（二）可食饲草饲料总量及适宜载畜量；

（三）实有牲畜种类和数量；

（四）达到草畜平衡的措施；

（五）草原使用者或者草原承包经营者的责任；

（六）有效期限；

（七）其他有关事项。

草畜平衡责任书文本样式由自治区人民政府草原行政主管部门统一制定，报农业部备案。

**第二十七条** 旗县级人民政府草原行政主管部门的草原监督管理机构、苏木乡级人民政府应当建立草畜平衡管理档案。

## 第五章 规划建设

**第二十八条** 旗县级以上人民政府草原行政主管部门会同同级有关部门依据上一级草原保护、建设、利用规划编制本行政区域的草原保护、建设、利用规划，每五年修订一次，报本级人民政府批准后实施。

**第二十九条** 自治区人民政府草原行政主管部门应当引进、驯化、繁育、推广优良牧草品种，以草籽原种场、草种扩繁基地为骨干，形成自治区牧草种子繁育体系。

**第三十条** 旗县级以上人民政府草原行政主管部门在草原建设中应当开展人工草地建设、牧草良种培育、飞播牧草、免耕技术、鼠虫害防治等工作，提高草原建设的科技含量。

## 第六章　利　用

**第三十一条**　进行矿藏开采和工程建设，应当不占或者少占草原；为了公共利益的需要，依照法律规定征收征用或者使用草原的，应当向自治区人民政府草原行政主管部门申请，并提供以下材料：

（一）项目批准文件；

（二）被征收征用或者使用草原的权属证明材料；

（三）有资质的设计单位做出的项目使用草原可行性报告；

（四）草原补偿、安置补助协议。

自治区人民政府草原行政主管部门对申请人提供的材料进行审核，属于自治区批准权限的，经审核同意后，依照有关土地管理的法律、行政法规办理建设用地审批手续。

自治区人民政府草原行政主管部门审核同意前，应当指派旗县级以上人民政府草原行政主管部门的草原监督管理机构进行实地查验。

**第三十二条**　《内蒙古自治区草原管理条例》第二十五条所称饲养牲畜价值，指该草原上饲养的牲畜按其品种、数量、用途等，依据当地物价部门提供的价格折算的总值。

《内蒙古自治区草原管理条例》第二十五条所称经济植物价值，指该草原上生长的具有食用、药用、种用以及其他利用价值的植物，依据当地物价部门提供的价格折算的总值。

**第三十三条**　《内蒙古自治区草原管理条例》第二十五条规定的草原补偿费、安置补助费由旗县级人民政府草原行政主管部门的草原监督管理机构，按照前五年饲养牲畜量、草原监测数据和当地物价部门提供的价格数据为依据进行测算。

第三十四条 在草原上开展经营性旅游活动的，应当向旗县级以上人民政府草原行政主管部门提出申请，提供开发利用草原开展旅游活动的资料，经旗县级以上人民政府草原行政主管部门审核同意，办理草原经营性旅游活动许可证后，有关行政管理部门方可办理其他手续。

在草原上开展经营性旅游活动的，不得侵犯草原使用者、所有者和承包经营者的合法权益，不得破坏草原植被。

第三十五条 在草原上从事采土、采砂、采石、开采矿产资源等作业活动的，应当向旗县级人民政府草原行政主管部门提出申请，提供相关作业活动的资料，经审核同意后，办理草原采土、采砂、采石、开采矿产资源作业活动许可证；开采矿产资源的，并应当依法办理有关手续。

在他人使用的草原上从事采土、采砂、采石、开采矿产资源等作业活动的，还应当事先征得使用者的同意，并给予合理的补偿。

第三十六条 在草原上进行勘探、钻井、修筑地上地下工程等需要临时占用草原的，应当向旗县级以上人民政府草原行政主管部门提出申请，并提供相关作业活动的资料，依法办理草原临时作业许可证。

第三十七条 在草原上开展经营性旅游活动，从事采土、采砂、采石、开采矿产资源等作业活动，在草原上进行勘探、钻井、修筑地上地下工程等临时占用草原需要办理的许可证文本，由自治区人民政府草原行政主管部门统一印制。

第三十八条 临时占用草原不足 30 亩的，由旗县级人民政府草原行政主管部门批准；临时占用草原 30 亩以上不足 500 亩的，由盟行政公署、设区的市人民政府草原行政主管部门批准；临时占用草原 500 亩以上的，由自治区人民政府草原行政主管部门批准。

## 第七章 保 护

第三十九条 旗县级以上人民政府草原行政主管部门应当加强对草原珍稀濒危野生植物和种质资源的保护与管理。

自治区人民政府草原行政主管部门应当组织草原珍稀濒危野生植物调查，建立草原珍稀濒危野生植物档案，制定草原珍稀濒危野生植物名录，并根据需要设立草原珍稀濒危野生植物保护区。

第四十条 自治区对严重退化、沙化、盐碱化、石漠化的草原和生态脆弱区的草原，实行禁牧、休牧制度。

禁牧、休牧的地区和时限由旗县级人民政府确定，并予以公告。

禁牧区草原的采集草籽、刈割等利用方式由旗县级人民政府规定。

第四十一条 苏木乡镇、国有农牧场所在地等居民聚集区周边未承包的草原，因滥牧等原因造成退化、沙化的，草原使用权和所有权单位应当加强管理，恢复草原植被。

第四十二条 禁止采集、加工、运输、收购和销售发菜。不得为采集、加工、经营发菜的活动提供场所。

旗县级以上人民政府应当组织草原监理、公安、环境保护、工商、交通、林业等部门，依据职权对采集、加工、运输、收购和销售发菜的活动进行检查，采取以下措施：

（一）制止采集发菜的违法活动；

（二）查堵采集发菜人员；

（三）取缔发菜交易；

（四）对经营、加工发菜及发菜食品的场所进行检查。

**第四十三条** 自治区对甘草、麻黄草、苁蓉、防风、黄芩、柴胡等草原野生植物的采集活动实行采集证管理制度。采集甘草、麻黄草、苁蓉、防风、黄芩、柴胡等草原野生植物的，必须经采集地的旗县级人民政府草原行政主管部门签署意见后，向自治区人民政府草原行政主管部门申请办理草原野生植物采集证。

**第四十四条** 禁止开垦草原。

实施草原建设项目，建设旱作人工草地以及草原承包经营者建设小面积人工草地需要改变草原原生植被的，应当符合草原保护、建设、利用规划。

建设小面积人工草地，应当具有灌溉条件，种植多年生牧草，防止草原风蚀沙化。

**第四十五条** 草原围栏建设中应当保持草原主要通行道路畅通，避免因阻断道路对草原造成碾压破坏。

**第四十六条** 旗县级以上人民政府应当建立草原防火责任制，规定草原防火期，制定草原防火扑火预案，切实做好草原火灾的预防和扑救工作。

旗县级以上人民政府草原行政主管部门应当加强草原防火基础设施建设，做好草原防火各项制度的落实工作。

**第四十七条** 在草原上从事建设活动的，应当进行环境影响评价，其环境保护措施、生态恢复工程应当与主体工程同时设计、同时施工、同时投入使用。

在草原上从事其他作业活动的，应当采取有效保护措施，不得污染和破坏草原。

旗县级以上人民政府环境保护行政主管部门应当对在草原上从事的建设活动和其他作业活动，在建设前进行环境状况调查，在建设中进行跟踪监测，在建设活动完成后进行环境评估。

## 第八章  法律责任

**第四十八条**  违反本细则规定，《中华人民共和国草原法》、《内蒙古自治区草原管理条例》等法律法规已经做出行政处罚的，从其规定。

**第四十九条**  违反本细则规定，有下列情形之一的，由旗县级以上人民政府草原行政主管部门的草原监督管理机构责令改正；给草原承包经营者造成损失的，依法承担民事责任。

（一）收回、调整承包草原；

（二）假借少数服从多数强迫承包方放弃或者变更草原承包经营权；

（三）将承包草原收回抵顶欠款；

（四）剥夺、侵害妇女依法享有的草原承包经营权；

（五）其他侵害草原承包经营权的行为。

**第五十条**  违反本细则第二十条、第二十一条规定的，由旗县级以上人民政府草原行政主管部门的草原监督管理机构责令改正。

**第五十一条**  违反本细则规定，为采集、加工、经营发菜活动提供场所的，由有关部门依据职权责令其停止违法行为，并依法进行处理；造成草原破坏的，依法承担赔偿责任。

**第五十二条** 违反本细则第四十五条规定的，由旗县级以上人民政府草原行政主管部门的草原监督管理机构责令改正，并处以100元至500元罚款。

**第五十三条** 国家机关工作人员和草原监督管理机构工作人员玩忽职守、滥用职权，不依法履行监督管理职责，或者发现违法行为不予查处，造成严重后果，构成犯罪的，依法追究刑事责任；尚不够刑事处罚的，依法给予行政处分。

## 第九章 附 则

**第五十四条** 《内蒙古自治区草原承包经营权流转办法》、《内蒙古自治区草畜平衡暂行规定》自本细则施行之日起废止。

**第五十五条** 本细则自2006年5月1日起施行。

# 草原防火条例

中华人民共和国国务院令

第 542 号

《草原防火条例》已经 2008 年 11 月 19 日国务院第 36 次常务会议修订通过，现将修订后的《草原防火条例》公布，自 2009 年 1 月 1 日起施行。

总理　温家宝

二〇〇八年十一月二十九日

（1993 年 10 月 5 日中华人民共和国国务院令第 130 号公布；根据 2008 年 11 月 19 日国务院第 36 次常务会议修订）

## 第一章　总　　则

**第一条**　为了加强草原防火工作，积极预防和扑救草原火灾，保护草原，保障人民生命和财产安全，根据《中华人民共和国草原法》，制定本条例。

第二条　本条例适用于中华人民共和国境内草原火灾的预防和扑救。但是，林区和城市市区的除外。

第三条　草原防火工作实行预防为主、防消结合的方针。

第四条　县级以上人民政府应当加强草原防火工作的组织领导，将草原防火所需经费纳入本级财政预算，保障草原火灾预防和扑救工作的开展。

草原防火工作实行地方各级人民政府行政首长负责制和部门、单位领导负责制。

第五条　国务院草原行政主管部门主管全国草原防火工作。

县级以上地方人民政府确定的草原防火主管部门主管本行政区域内的草原防火工作。

县级以上人民政府其他有关部门在各自的职责范围内做好草原防火工作。

第六条　草原的经营使用单位和个人，在其经营使用范围内承担草原防火责任。

第七条　草原防火工作涉及两个以上行政区域或者涉及森林防火、城市消防的，有关地方人民政府及有关部门应当建立联防制度，确定联防区域，制定联防措施，加强信息沟通和监督检查。

第八条　各级人民政府或者有关部门应当加强草原防火宣传教育活动，提高公民的草原防火意识。

第九条　国家鼓励和支持草原火灾预防和扑救的科学技术研究，推广先进的草原火灾预防和扑救技术。

第十条　对在草原火灾预防和扑救工作中有突出贡献或者成绩显著的单位、个人，按照国家有关规定给予表彰和奖励。

# 第二章　草原火灾的预防

**第十一条**　国务院草原行政主管部门根据草原火灾发生的危险程度和影响范围等，将全国草原划分为极高、高、中、低四个等级的草原火险区。

**第十二条**　国务院草原行政主管部门根据草原火险区划和草原防火工作的实际需要，编制全国草原防火规划，报国务院或者国务院授权的部门批准后组织实施。

县级以上地方人民政府草原防火主管部门根据全国草原防火规划，结合本地实际，编制本行政区域的草原防火规划，报本级人民政府批准后组织实施。

**第十三条**　草原防火规划应当主要包括下列内容：

（一）草原防火规划制定的依据；

（二）草原防火组织体系建设；

（三）草原防火基础设施和装备建设；

（四）草原防火物资储备；

（五）保障措施。

**第十四条**　县级以上人民政府应当组织有关部门和单位，按照草原防火规划，加强草原火情瞭望和监测设施、防火隔离带、防火道路、防火物资储备库（站）等基础设施建设，配备草原防火交通工具、灭火器械、观察和通信器材等装备，储存必要的防火物资，建立和完善草原防火指挥信息系统。

**第十五条**　国务院草原行政主管部门负责制订全国草原火灾应急预案，报国务院批准后组织实施。

县级以上地方人民政府草原防火主管部门负责制订本行政区域

的草原火灾应急预案，报本级人民政府批准后组织实施。

**第十六条** 草原火灾应急预案应当主要包括下列内容：

（一）草原火灾应急组织机构及其职责；

（二）草原火灾预警与预防机制；

（三）草原火灾报告程序；

（四）不同等级草原火灾的应急处置措施；

（五）扑救草原火灾所需物资、资金和队伍的应急保障；

（六）人员财产撤离、医疗救治、疾病控制等应急方案。

草原火灾根据受害草原面积、伤亡人数、受灾牲畜数量以及对城乡居民点、重要设施、名胜古迹、自然保护区的威胁程度等，分为特别重大、重大、较大、一般四个等级。具体划分标准由国务院草原行政主管部门制定。

**第十七条** 县级以上地方人民政府应当根据草原火灾发生规律，确定本行政区域的草原防火期，并向社会公布。

**第十八条** 在草原防火期内，因生产活动需要在草原上野外用火的，应当经县级人民政府草原防火主管部门批准。用火单位或者个人应当采取防火措施，防止失火。

在草原防火期内，因生活需要在草原上用火的，应当选择安全地点，采取防火措施，用火后彻底熄灭余火。

除本条第一款、第二款规定的情形外，在草原防火期内，禁止在草原上野外用火。

**第十九条** 在草原防火期内，禁止在草原上使用枪械狩猎。

在草原防火期内，在草原上进行爆破、勘察和施工等活动的，应当经县级以上地方人民政府草原防火主管部门批准，并采取防火措施，防止失火。

在草原防火期内，部队在草原上进行实弹演习、处置突发性事件和执行其他任务，应当采取必要的防火措施。

第二十条 在草原防火期内，在草原上作业或者行驶的机动车辆，应当安装防火装置，严防漏火、喷火和闸瓦脱落引起火灾。在草原上行驶的公共交通工具上的司机和乘务人员，应当对旅客进行草原防火宣传。司机、乘务人员和旅客不得丢弃火种。

在草原防火期内，对草原上从事野外作业的机械设备，应当采取防火措施；作业人员应当遵守防火安全操作规程，防止失火。

第二十一条 在草原防火期内，经本级人民政府批准，草原防火主管部门应当对进入草原、存在火灾隐患的车辆以及可能引发草原火灾的野外作业活动进行草原防火安全检查。发现存在火灾隐患的，应当告知有关责任人员采取措施消除火灾隐患；拒不采取措施消除火灾隐患的，禁止进入草原或者在草原上从事野外作业活动。

第二十二条 在草原防火期内，出现高温、干旱、大风等高火险天气时，县级以上地方人民政府应当将极高草原火险区、高草原火险区以及一旦发生草原火灾可能造成人身重大伤亡或者财产重大损失的区域划为草原防火管制区，规定管制期限，及时向社会公布，并报上一级人民政府备案。

在草原防火管制区内，禁止一切野外用火。对可能引起草原火灾的非野外用火，县级以上地方人民政府或者草原防火主管部门应当按照管制要求，严格管理。

进入草原防火管制区的车辆，应当取得县级以上地方人民政府草原防火主管部门颁发的草原防火通行证，并服从防火管制。

第二十三条 草原上的农（牧）场、工矿企业和其他生产经营单位，以及驻军单位、自然保护区管理单位和农村集体经济组织等，应当在县级以上地方人民政府的领导和草原防火主管部门的指导下，落实草原防火责任制，加强火源管理，消除火灾隐患，做好本单位的草原防火工作。

铁路、公路、电力和电信线路以及石油天然气管道等的经营单位，应当在其草原防火责任区内，落实防火措施，防止发生草原火灾。

承包经营草原的个人对其承包经营的草原，应当加强火源管理，消除火灾隐患，履行草原防火义务。

第二十四条　省、自治区、直辖市人民政府可以根据本地的实际情况划定重点草原防火区，报国务院草原行政主管部门备案。

重点草原防火区的县级以上地方人民政府和自然保护区管理单位，应当根据需要建立专业扑火队；有关乡（镇）、村应当建立群众扑火队。扑火队应当进行专业培训，并接受县级以上地方人民政府的指挥、调动。

第二十五条　县级以上人民政府草原防火主管部门和气象主管机构，应当联合建立草原火险预报预警制度。气象主管机构应当根据草原防火的实际需要，做好草原火险气象等级预报和发布工作；新闻媒体应当及时播报草原火险气象等级预报。

# 第三章　草原火灾的扑救

第二十六条　从事草原火情监测以及在草原上从事生产经营活动的单位和个人，发现草原火情的，应当采取必要措施，并及时向当地人民政府或者草原防火主管部门报告。其他发现草原火情的单位和个人，也应当及时向当地人民政府或者草原防火主管部门报告。

当地人民政府或者草原防火主管部门接到报告后，应当立即组织人员赶赴现场，核实火情，采取控制和扑救措施，防止草原火灾扩大。

第二十七条 当地人民政府或者草原防火主管部门应当及时将草原火灾发生时间、地点、估测过火面积、火情发展趋势等情况报上级人民政府及其草原防火主管部门；境外草原火灾威胁到我国草原安全的，还应当报告境外草原火灾距我国边境距离、沿边境蔓延长度以及对我国草原的威胁程度等情况。

禁止瞒报、谎报或者授意他人瞒报、谎报草原火灾。

第二十八条 县级以上地方人民政府应当根据草原火灾发生情况确定火灾等级，并及时启动草原火灾应急预案。特别重大、重大草原火灾以及境外草原火灾威胁到我国草原安全的，国务院草原行政主管部门应当及时启动草原火灾应急预案。

第二十九条 草原火灾应急预案启动后，有关地方人民政府应当按照草原火灾应急预案的要求，立即组织、指挥草原火灾的扑救工作。

扑救草原火灾应当首先保障人民群众的生命安全，有关地方人民政府应当及时动员受到草原火灾威胁的居民以及其他人员转移到安全地带，并予以妥善安置；情况紧急时，可以强行组织避灾疏散。

第三十条 县级以上人民政府有关部门应当按照草原火灾应急预案的分工，做好相应的草原火灾应急工作。

气象主管机构应当做好气象监测和预报工作，及时向当地人民政府提供气象信息，并根据天气条件适时实施人工增雨。

民政部门应当及时设置避难场所和救济物资供应点，开展受灾群众救助工作。

卫生主管部门应当做好医疗救护、卫生防疫工作。

铁路、交通、航空等部门应当优先运送救灾物资、设备、药物、食品。

通信主管部门应当组织提供应急通信保障。

公安部门应当及时查处草原火灾案件，做好社会治安维护工作。

**第三十一条** 扑救草原火灾应当组织和动员专业扑火队和受过专业培训的群众扑火队；接到扑救命令的单位和个人，必须迅速赶赴指定地点，投入扑救工作。

扑救草原火灾，不得动员残疾人、孕妇、未成年人和老年人参加。

需要中国人民解放军和中国人民武装警察部队参加草原火灾扑救的，依照《军队参加抢险救灾条例》的有关规定执行。

**第三十二条** 根据扑救草原火灾的需要，有关地方人民政府可以紧急征用物资、交通工具和相关的设施、设备；必要时，可以采取清除障碍物、建设隔离带、应急取水、局部交通管制等应急管理措施。

因救灾需要，紧急征用单位和个人的物资、交通工具、设施、设备或者占用其房屋、土地的，事后应当及时返还，并依照有关法律规定给予补偿。

**第三十三条** 发生特别重大、重大草原火灾的，国务院草原行政主管部门应当立即派员赶赴火灾现场，组织、协调、督导火灾扑救，并做好跨省、自治区、直辖市草原防火物资的调用工作。

发生威胁林区安全的草原火灾的，有关草原防火主管部门应当及时通知有关林业主管部门。

境外草原火灾威胁到我国草原安全的，国务院草原行政主管部门应当立即派员赶赴有关现场，组织、协调、督导火灾预防，并及时将有关情况通知外交部。

**第三十四条** 国家实行草原火灾信息统一发布制度。特别重大、重大草原火灾以及威胁到我国草原安全的境外草原火灾信息，由国务院草原行政主管部门发布；其他草原火灾信息，由省、自治区、直辖市人民政府草原防火主管部门发布。

第三十五条　重点草原防火区的县级以上地方人民政府可以根据草原火灾应急预案的规定，成立草原防火指挥部，行使本章规定的本级人民政府在草原火灾扑救中的职责。

# 第四章　灾后处置

第三十六条　草原火灾扑灭后，有关地方人民政府草原防火主管部门或者其指定的单位应当对火灾现场进行全面检查，清除余火，并留有足够的人员看守火场。经草原防火主管部门检查验收合格，看守人员方可撤出。

第三十七条　草原火灾扑灭后，有关地方人民政府应当组织有关部门及时做好灾民安置和救助工作，保障灾民的基本生活条件，做好卫生防疫工作，防止传染病的发生和传播。

第三十八条　草原火灾扑灭后，有关地方人民政府应当组织有关部门及时制定草原恢复计划，组织实施补播草籽和人工种草等技术措施，恢复草场植被，并做好畜禽检疫工作，防止动物疫病的发生。

第三十九条　草原火灾扑灭后，有关地方人民政府草原防火主管部门应当及时会同公安等有关部门，对火灾发生时间、地点、原因以及肇事人等进行调查并提出处理意见。

草原防火主管部门应当对受灾草原面积、受灾畜禽种类和数量、受灾珍稀野生动植物种类和数量、人员伤亡以及物资消耗和其他经济损失等情况进行统计，对草原火灾给城乡居民生活、工农业生产、生态环境造成的影响进行评估，并按照国务院草原行政主管部门的规定上报。

**第四十条** 有关地方人民政府草原防火主管部门应当严格按照草原火灾统计报表的要求，进行草原火灾统计，向上一级人民政府草原防火主管部门报告，并抄送同级公安部门、统计机构。草原火灾统计报表由国务院草原行政主管部门会同国务院公安部门制定，报国家统计部门备案。

**第四十一条** 对因参加草原火灾扑救受伤、致残或者死亡的人员，按照国家有关规定给予医疗、抚恤。

# 第五章 法律责任

**第四十二条** 违反本条例规定，县级以上人民政府草原防火主管部门或者其他有关部门及其工作人员，有下列行为之一的，由其上级行政机关或者监察机关责令改正；情节严重的，对直接负责的主管人员和其他直接责任人员依法给予处分；构成犯罪的，依法追究刑事责任：

（一）未按照规定制订草原火灾应急预案的；

（二）对不符合草原防火要求的野外用火或者爆破、勘察和施工等活动予以批准的；

（三）对不符合条件的车辆发放草原防火通行证的；

（四）瞒报、谎报或者授意他人瞒报、谎报草原火灾的；

（五）未及时采取草原火灾扑救措施的；

（六）不依法履行职责的其他行为。

**第四十三条** 截留、挪用草原防火资金或者侵占、挪用草原防火物资的，依照有关财政违法行为处罚处分的法律、法规进行处理；构成犯罪的，依法追究刑事责任。

**第四十四条** 违反本条例规定，有下列行为之一的，由县级以上地方人民政府草原防火主管部门责令停止违法行为，采取防火措施，并限期补办有关手续，对有关责任人员处 2000 元以上 5000 元以下罚款，对有关责任单位处 5000 元以上 2 万元以下罚款：

（一）未经批准在草原上野外用火或者进行爆破、勘察和施工等活动的；

（二）未取得草原防火通行证进入草原防火管制区的。

**第四十五条** 违反本条例规定，有下列行为之一的，由县级以上地方人民政府草原防火主管部门责令停止违法行为，采取防火措施，消除火灾隐患，并对有关责任人员处 200 元以上 2000 元以下罚款，对有关责任单位处 2000 元以上 2 万元以下罚款；拒不采取防火措施、消除火灾隐患的，由县级以上地方人民政府草原防火主管部门代为采取防火措施、消除火灾隐患，所需费用由违法单位或者个人承担：

（一）在草原防火期内，经批准的野外用火未采取防火措施的；

（二）在草原上作业和行驶的机动车辆未安装防火装置或者存在火灾隐患的；

（三）在草原上行驶的公共交通工具上的司机、乘务人员或者旅客丢弃火种的；

（四）在草原上从事野外作业的机械设备作业人员不遵守防火安全操作规程或者对野外作业的机械设备未采取防火措施的；

（五）在草原防火管制区内未按照规定用火的。

**第四十六条** 违反本条例规定，草原上的生产经营等单位未建立或者未落实草原防火责任制的，由县级以上地方人民政府草原防火主管部门责令改正，对有关责任单位处 5000 元以上 2 万元以下罚款。

**第四十七条** 违反本条例规定，故意或者过失引发草原火灾，构成犯罪的，依法追究刑事责任。

# 第六章 附 则

**第四十八条** 草原消防车辆应当按照规定喷涂标志图案，安装警报器、标志灯具。

**第四十九条** 本条例自 2009 年 1 月 1 日起施行。

# 附　录

## 内蒙古自治区森林草原防火工作责任追究办法

内蒙古自治区人民政府关于印发
《内蒙古自治区森林草原防火工作
责任追究办法》的通知
内政发〔2015〕66号

各盟行政公署、市人民政府，满洲里市、二连浩特市人民政府，各旗县人民政府，自治区各委、办、厅、局，各大企业、事业单位：

现将《内蒙古自治区森林草原防火工作责任追究办法》印发给你们，请认真遵照执行。

2015年6月15日

## 第一章　总　则

**第一条**　为建立健全全区森林草原防火工作责任机制，保护森林草原资源和人民群众生命财产安全，推动生态文明建设，促进自治区经济社会可持续发展，根据《中华人民共和国森林法》、《中华人民共和国草原法》、《中华人民共和国公务员法》、《中华人民共和国行政监察法》、《森林防火条例》、《草原防火条例》、《国务院关于特大安全事故行政责任追究的规定》和《内蒙古自治区森林草原防火条例》等有关法律法规，结合自治区实际，制定本办法。

第二条　本办法适用于各级人民政府、有关行政机关、企业事业单位及其领导干部和工作人员，以及嘎查村（村民委员会）的负责人员。

第三条　森林草原防火工作实行地方各级人民政府行政首长负责制。各级人民政府及其有关行政部门、单位法定代表人或者主要负责人是本行政区、本部门或本单位森林草原防火工作的第一责任人，对森林草原防火工作负主要领导责任；各级人民政府及其有关行政部门分管领导和有关单位明确的森林草原防火责任人，对森林草原防火工作负直接责任。

第四条　各级人民政府落实森林草原防火责任制情况，应当纳入政府目标管理体系，定期进行考核。上级人民政府对下级人民政府实行量化考核，考核认定工作由上级人民政府森林草原防火指挥部办公室负责，考核认定结果上报同级人民政府。各单位落实森林草原防火责任制情况应当纳入本单位年度考核内容。根据各级人民政府及单位考核结果，应当按照森林草原防火法律、法规和责任制的规定，予以奖惩。

第五条　各级人民政府及有关单位应当逐级签订森林草原防火责任状；苏木乡镇要与本行政区域的嘎查村（村民委员会）签订森林草原防火责任状。

第六条　森林草原防火工作责任追究工作应本着实事求是、客观公正、有责必究及教育与惩戒相结合的原则，实行属地管理、分级负责，谁主管、谁负责。对各盟市、旗县（市、区）、苏木乡镇和部门有关责任人及嘎查村（村民委员会）负责人的责任追究，由上一级森林草原防火指挥部及相关部门配合行政监察机关调查处理。各级行政监察机关依照《中华人民共和国行政监察法》的规定，对各级人民政府和有关部门及其工作人员履行森林草原防火管理职责和义务的情况实施监察，并按照干部管理权限，对森林草原火灾相关责任人进行责任追究。对非行政监察对象的责任人员，由其主管部门进行责任追究。

## 第二章　主要职责

**第七条**　盟市、旗县（市、区）负责本行政区域内的森林草原防火工作，应当履行下列森林草原防火职责：

（一）贯彻实施国家、自治区森林草原防火法律、法规，宣传森林草原防火知识，增强公民的森林草原防火意识；

（二）建立健全森林草原防火机构，核定编制并配备专职人员负责日常工作；

（三）将森林草原防火基础设施建设纳入当地国民经济和社会发展规划，纳入当地林业、草原发展总体规划，使森林草原防火工作与维护生态安全和经济社会发展相适应；

（四）将森林草原火灾预防和扑救经费纳入当地年度公共财政预算，保障森林草原防火经费满足实际工作需要；

（五）凡划入国家一级、二级和自治区重点森林、草原火险区的旗县（市、区）和国有企业事业单位，至少建立1支专业森林草原消防队伍，队伍数量和人员应当以满足当地森林草原防火工作需要为准（建议每超过20万亩森林面积或50万亩草原面积增建1支20人以上的森林草原消防队伍），苏木乡镇应当组建半专业森林草原消防队伍（建议每10至20万亩森林面积或25至50万亩草原面积建立1支10至15人的半专业森林草原消防队伍），各级人民政

府及有关部门对专业、半专业的森林草原消防队伍定期进行培训和演练;

(六) 凡有森林草原防火任务的旗县 (市、区), 应当建立森林草原防火预警监测和信息指挥系统, 配备满足森林草原防火任务需要的森林草原防火指挥、扑火、运兵等车辆和现代化防扑火机具、装备, 储备足够的防扑火物资;

(七) 将森林草原防火工作纳入各级人民政府主要议事日程, 及时分析森林草原防火工作情况, 研究解决森林草原防火工作中存在的重大问题;

(八) 防火期内, 加强野外火源管控, 组织开展森林草原防火检查, 重大节假日以及森林草原火灾多发季节, 要加大检查力度, 采取有效措施, 消除火灾隐患;

(九) 对森林草原防火机构因存在重大火灾隐患报请停产停业处理的请示事项, 依法依规及时做出同意与否的决定;

(十) 制定本地区森林草原火灾应急预案及应急处置办法, 边境地区还应制定堵截扑救境外火专项应急预案;

(十一) 组织森林草原火灾扑救及灾后处置工作。

**第八条** 苏木乡镇、林场、农牧场等成立森林草原防火办事机构, 履行前款第 (一)、(二)、(七)、(八)、(九)、(十)、(十一) 等项职责。

**第九条** 嘎查村 (村民委员会) 履行下列森林草原防火职责:

(一) 成立嘎查村森林草原防火组织, 做好本嘎查村群众性的森林草原防火工作, 维护当地森林草原安全;

(二) 督促嘎查村所属经济组织做好森林草原防火工作;

(三) 制定森林草原防火公约, 开展森林草原防火宣传教育;

(四) 根据生产季节, 组织开展森林草原防火工作检查, 消除

火灾隐患;

（五）建立群众性扑火队伍，进行安全扑火及技能培训;

（六）发现森林草原火情时，及时向上级森林草原防火部门报告，并按照本苏木乡镇森林草原火灾应急处置办法组织人员进行扑救。

第十条　林区、农牧区的风景名胜区、旅游景区、自然保护区、居民区、军事管理区、森林公园、生态建设项目区、铁路、电力、电信、石油天然气等经营、施工单位及其他厂矿企业，都应当建立森林草原防火责任制度，履行下列森林草原防火职责:

（一）建立本单位的森林草原防火组织，确定本单位森林草原防火责任人和责任区;

（二）制定本单位森林草原防火安全制度;

（三）定期进行森林草原防火宣传和安全检查，及时消除火灾隐患;

（四）按照森林草原防火技术规范，配备必要的森林草原防扑火装备器材，设置森林草原防火宣传警示标志，并定期进行检查、维护，确保设施和器材完好、有效。

第十一条　各级人民政府森林草原防火指挥部负责组织、管理、协调和指导本行政区域内的森林草原防火工作，按照森林草原防火法律、法规及火灾应急预案规定履行好各自的职责;各级森林草原防火指挥部各成员单位以及相关部门，应当按照各自的职责分工，做好森林草原防火工作。

第十二条　各级人民政府森林草原防火指挥部接到森林草原火灾报告后，应当立即启动相应的森林草原火灾应急预案，组织人员进行扑救。初判为一般火灾，火灾发生地的苏木乡镇主要领导必须立即到达火灾现场组织指挥扑救，并成立扑火前线指挥部;初判为较大火灾，旗县（市、区）主要领导必须赶赴火灾现场组织指挥扑救；初判为重大、特别重大火灾，盟市主要领导必须赶赴火灾现场组织指挥扑救。同时及时上报火情，不得瞒报、谎报或者故意拖延报告；发生边界火灾时，应当按规定向毗邻地区森林草原防火指挥部通报火情。

**第十三条** 扑救森林草原火灾工作必须坚持"以人为本、科学扑救"的原则，以武警森林部队和地方专业扑火队为主要力量；组织群众性扑火队扑救森林草原火灾的，必须是参加过组织培训并具备一定防扑火知识、技能和自我避险能力的人员，残疾人员、孕妇、未成年人、老年人和其他不适宜参加火灾扑救的人员一律禁止参加火灾扑救任务，严防人员伤亡事故发生。明火扑灭后，必须留足看守火场人员，明确责任，彻底消除隐患，严防死灰复燃。

## 第三章　责任追究

**第十四条** 对违反本办法的单位和个人，视情节轻重给予下列责任追究；受到责任追究的，取消年度评优评先资格：

（一）依法给予行政纪律处分；

（二）依法给予行政处罚；

（三）依法追究刑事责任。

**第十五条** 违反本办法规定，各级人民政府及其森林草原防火指挥部、林业、草原行政管理部门或者其他部门及其工作人员，有下列行为之一的，由上级行政主管部门或者监察机关责令改正；情节严重的，对直接负责的主管人员和其他直接责任人依法给予行政处分；构成犯罪的，依法追究刑事责任。

（一）森林草原防火责任制不落实，措施不得力，监督检查工作不到位，造成森林草原火灾的；

（二）未按照有关规定编制森林草原火灾应急预案的；

（三）发现森林草原火灾隐患未及时下达森林草原火灾隐患整改通知书的；

（四）对不符合森林草原防火要求的野外用火或者实弹演习、爆破等活动予以批准的；

（五）对不符合条件的车辆发放防火通行证的；

（六）发生森林草原火灾后，瞒报、谎报或者故意拖延报告森林草原火灾的；

（七）发生森林草原火灾后，未及时采取森林草原火灾扑救措施的；

（八）指挥扑救不力，造成人员伤亡和重大财产损失的；

（九）未按照规定检查、清理、看守火场，造成复燃的；

（十）不依法履行职责的其他行为。

第十六条　违反本办法规定，有下列情形之一的，由旗县（市、区）以上人民政府林业、草原行政管理部门及授权部门依照国家和自治区森林草原防火行政法规的规定给予行政处罚；构成犯罪的，依法追究刑事责任：

（一）贪污、截留、挪用或占用中央和自治区防火项目资金、设施设备、物资的；

（二）拒绝、阻碍森林草原防火监督检查人员实施防火检查的；

（三）森林草原防火设施和措施不落实，消防安全检查不合格，有火灾隐患，未按照旗县级以上人民政府森林草原防火指挥部下达的森林草原火灾隐患整改通知规定期限进行改正和消除的；

（四）拒绝、阻碍各级人民政府或者森林草原防火指挥部统一指挥，延误扑火的；

（五）过失引起森林草原火灾的；

（六）不依法履行职责的其他行为。

**第十七条** 各级人民政府森林草原防火指挥部各成员单位未履行森林草原防火职责，致使森林草原防火工作受到影响的，各级人民政府或上一级森林草原防火指挥部责令其作出书面检查或通报批评，行政监察部门依法追究其责任人的责任。

**第十八条** 林区、农牧区的风景名胜区、旅游景区、自然保护区、居民区、军事管理区、森林公园、生态建设项目区、铁路、电力、电信、石油天然气等经营、施工单位及其他厂矿企业违反本办法之规定，由旗县（市、区）及相关部门依照有关法律法规和规定给予行政处罚，并按照管理权限对有关责任人员给予行政处分；构成犯罪的，依法追究其刑事责任。

## 第四章　附　则

**第十九条** 内蒙古大兴安岭林管局及直属林业局参照本办法执行。

**第二十条** 本办法自 2015 年 8 月 1 日起施行。

# 甘肃省甘南藏族自治州草原防火条例

（1996 年 4 月 11 日甘南藏族自治州第十一届人民代表
大会常务委员会第四次会议通过；1997 年 11 月 25 日甘肃
省第八届人民代表大会常务委员会第三十次会议批准）

## 第一章　总　则

**第一条**　为了加强草原防火工作，根据《中华人民共和国草原
法》、国务院《草原防火条例》、《甘肃省实施草原法细则》、《甘南
藏族自治州草原管理办法》，制定本条例。

**第二条**　本条例适用于甘南藏族自治州境内草原（包括草山、
草地）火灾预防的扑救。

**第三条**　预防和扑救草原火灾是每个公民的义务。草原防火工
作实行预防为主，防消结合的方针。

自治州各级人民政府及有关部门应当组织经常性的草原防火宣
传、教育活动，提高全体公民的防火意识。鼓励和支持草原防火的
科学研究，推广先进防火、灭火技术。

**第四条**　自治州、县、市人民政府畜（农）牧行政部门主管其
行政区域内草原防火工作，乡人民政府负责本乡行政区域内的草原
防火工作。

自治州和各县、市、乡人民政府要加强对草原防火工作的领
导，并实行行政领导负责制和部门、单位领导责任制。

**第五条**　草原和森林交界或相间的县、市、乡，应当建立防火
工作联防制度，确定联防区域，制定联防措施，做好联防区域内的
防火工作。

第六条 自治州各级草原防火主管部门的职责是：

（一）贯彻执行国家草原防火的有关法律、法规和本条例；

（二）制定草原防火规划、预案，检查草原防火设施建设；

（三）组织有关部门进行草原火灾预防和扑救工作，配合有关单位调查处理火灾案件。

## 第二章 草原火灾的预防

第七条 自治州草原防火期为每年十月至第二年五月。县、市、乡人民政府在草原防火期内出现高温、干旱、大风等风险天气时，应划定草原防火管制区，规定草原防火管制期，并有权对进入草原的车辆和人员进行防火安全检查。

第八条 国营牧场、军牧场及其他企事业单位负责本区域内的草原防火工作。

第九条 草原防火期内，在草原上禁止野外用火。因特殊情况用火的，必须遵守下列规定：

（一）因疫病污染或更新草原，需要划区轮烧时，必须经乡人民政府批准，并报县防火主管部门备案。用火单位要及时通报四邻，并要事先做好防火隔离带，准备灭火工具，严防火灾发生。

（二）在草原上从事牧业生产或其他生产的人员，需要生产、生活等用火的，必须采取必要的防火措施。用火后要熄灭余火，禁止丢弃火种和倾倒带火灰烬。

第十条 林缘或林间草地内不得放火烧荒，烧灰积肥。

第十一条 草原防火期内，在草原上作业和通过草原的各种机动车辆，必须安设防火装置，采取有效措施，严防漏火、喷火引起火灾。对乘客、司助人员应进行防火教育，严禁随意丢弃火种。

**第十二条** 在草原区的乡、村定居点、工矿企业、学校、营房、牧场等要加强生活用火管理。

草原防火期内，经批准进行的实弹演习、爆破等活动，要落实防火措施，做好灭火准备工作后，方可进行。

**第十三条** 自治州各级人民政府要有计划地进行草原防火设施建设：

（一）牧区县市应建立草原防火监测网点，配备灭火器械、通讯器材和监测设备。

（二）牧区重点建设工程项目，必须包括草原防火设施建设。

**第十四条** 气象部门应根据草原防火的要求，做好草原火险天气预测预报工作。

### 第三章 草原火灾的扑救和处理

**第十五条** 任何单位或个人发现草原火灾，必须立即扑救，并及时向当地人民政府或草原防火主管部门报告。当地人民政府或草原防火主管部门接到报告后，必须立即组织扑救，同时逐级上报。

**第十六条** 草原火灾的扑救和处理由当地人民政府统一指挥。接到扑火命令的单位或个人，必须迅速赶赴指定地点，全力扑救。公安、气象、交通、邮电、民政、粮食、商业、供销、物资、旅游、卫生部门都应全力以赴，积极配合。

扑救草原火灾，不得动员残疾人、孕妇和少年儿童参加。

**第十七条** 扑灭草原火灾后，必须全面检查现场，并留有人员监测火情，彻底消除余火及其隐患，草原防火主管部门检查验收合格后，才能撤出监测人员。

**第十八条** 扑火中的医疗、抚恤、差旅费、生活补助费用，按照下列规定支付：

（一）因扑救草原火灾负伤、致残或牺牲者，按有关规定由当地人民政府给予医疗、评残、抚恤。

（二）国家职工参加扑火期间的工资、差旅费由所在单位支付。

（三）国家职工参加扑火期间的生活补助费，非国家职工参加扑火期间的误工补贴和生活补助费，以及扑火期间所消耗的其他费用，按有关规定的标准，由火灾肇事单位或者肇事人支付；火因不清的，由起火单位支付；火灾肇事单位、肇事人或者起火单位确实无力支付的部分，由当地

人民政府支付。

**第十九条** 草原火灾发生后，当地人民政府应组织有关部门对起火时间、地点、原因、肇事者、受害单位、烧毁面积及其程序、人畜伤亡、财产损失（直接、间接）、补偿额度、扑救情况及火灾对自然生态环境的影响等进行调查处理。

## 第四章　奖励与处罚

**第二十条** 有下列事迹之一的单位和个人，由当地人民政府给予表彰奖励：

（一）严格执行草原防火法律法规，连续十年以上未发生草原火灾，成绩突出的；

（二）发生草原火灾后，积极组织扑救，措施得力，成绩突出的；

（三）扑救草原火灾中负伤、致残或牺牲者；

（四）发现纵火行为及时制止或检举报告的；

（五）在草原防火的科研、技术推广、宣传教育等工作中做出突出成绩的。

第二十一条　违犯本条例的，依据国务院《草原防火条例》的规定，给予行政处分、处罚；构成犯罪的，依法追究刑事责任。

## 第五章　附　则

第二十二条　本条例执行中的具体应用问题由甘南藏族自治州畜牧行政部门负责解释。

第二十三条　本条例自发布之日起施行。《甘南藏族自治州加强草原防火工作的规定》即行废止。

全国普法学习读本
★ ★ ★ ★ ★

环保节能类法律法规读本

>>>>> 保护草原法律法规学习读本 <<<<<

# 草原保护法律法规

加大全民普法力度，建设社会主义法治文化，树立宪法法律
至上、法律面前人人平等的法治理念。

——中国共产党第十九次全国代表大会《决胜全面建
成小康社会 夺取新时代中国特色社会主义伟大胜利》

王金锋 主编

汕头大学出版社

## 图书在版编目（CIP）数据

草原保护法律法规/王金锋主编. -- 汕头：汕头
大学出版社（2021.7重印）
（保护草原法律法规学习读本）
ISBN 978-7-5658-3516-2

Ⅰ.①草… Ⅱ.①王… Ⅲ.①草原法-中国-学习参
考资料 Ⅳ.①D922.644

中国版本图书馆 CIP 数据核字（2018）第 035122 号

**草原保护法律法规** CAOYUAN BAOHU FALÜ FAGUI

主　　编：王金锋
责任编辑：邹　峰
责任技编：黄东生
封面设计：大华文苑
出版发行：汕头大学出版社
　　　　　广东省汕头市大学路 243 号汕头大学校园内　邮政编码：515063
电　　话：0754-82904613
印　　刷：三河市南阳印刷有限公司
开　　本：690mm×960mm 1/16
印　　张：18
字　　数：226 千字
版　　次：2018 年 5 月第 1 版
印　　次：2021 年 7 月第 2 次印刷
定　　价：59.60 元（全 2 册）
ISBN 978-7-5658-3516-2

# 前　言

习近平总书记指出："推进全民守法，必须着力增强全民法治观念。要坚持把全民普法和守法作为依法治国的长期基础性工作，采取有力措施加强法制宣传教育。要坚持法治教育从娃娃抓起，把法治教育纳入国民教育体系和精神文明创建内容，由易到难、循序渐进不断增强青少年的规则意识。要健全公民和组织守法信用记录，完善守法诚信褒奖机制和违法失信行为惩戒机制，形成守法光荣、违法可耻的社会氛围，使遵法守法成为全体人民共同追求和自觉行动。"

中共中央、国务院曾经转发了中央宣传部、司法部关于在公民中开展法治宣传教育的规划，并发出通知，要求各地区各部门结合实际认真贯彻执行。通知指出，全民普法和守法是依法治国的长期基础性工作。深入开展法治宣传教育，是全面建成小康社会和新农村的重要保障。

普法规划指出：各地区各部门要根据实际需要，从不同群体的特点出发，因地制宜开展有特色的法治宣传教育坚持集中法治宣传教育与经常性法治宣传教育相结合，深化法律进机关、进乡村、进社区、进学校、进企业、进单位的"法律六进"主题活动，完善工作标准，建立长效机制。

特别是农业、农村和农民问题，始终是关系党和人民事业发展的全局性和根本性问题。党中央、国务院发布的《关于推进社会主义新农村建设的若干意见》中明确提出要"加强农村法制建设，深入开展农村普法教育，增强农民的法制观念，提高农民依法行使权利和履行义务的自觉性。"多年普法实践证明，普及法律知识，提高法制观念，增强全社会依法办事意识具有重要作用。特别是在广大农村进行普法教育，是提高全民法律素质的需要。

多年来，我国在农村实行的改革开放取得了极大成功，农村发生了翻天覆地的变化，广大农民生活水平大大得到了提高。但是，由于历史和社会等原因，现阶段我国一些地区农民文化素质还不高，不学法、不懂法、不守法现象虽然较原来有所改变，但仍有相当一部分群众的法制观念仍很淡化，不懂、不愿借助法律来保护自身权益，这就极易受到不法的侵害，或极易进行违法犯罪活动，严重阻碍了全面建成小康社会和新农村步伐。

为此，根据党和政府的指示精神以及普法规划，特别是根据广大农村农民的现状，在有关部门和专家的指导下，特别编辑了这套《全国普法学习读本》。主要包括了广大人民群众应知应懂、实际实用的法律法规。为了辅导学习，附录还收入了相应法律法规的条例准则、实施细则、解读解答、案例分析等；同时为了突出法律法规的实际实用特点，兼顾地方性和特殊性，附录还收入了部分某些地方性法律法规以及非法律法规的政策文件、管理制度、应用表格等内容，拓展了本书的知识范围，使法律法规更"接地气"，便于读者学习掌握和实际应用。

在众多法律法规中，我们通过甄别，淘汰了废止的，精选了最新的、权威的和全面的。但有部分法律法规有些条款不适应当下情况了，却没有颁布新的，我们又不能擅自改动，只得保留原有条款，但附录却有相应的补充修改意见或通知等。众多法律法规根据不同内容和受众特点，经过归类组合，优化配套。整套普法读本非常全面系统，具有很强的学习性、实用性和指导性，非常适合用于广大农村和城乡普法学习教育与实践指导。总之，是全国全民普法的良好读本。

# 目　　录

## 保护草原的部分政策

## 保护草原的规划方案

## 中央财政草原生态保护补助奖励资金管理暂行办法

保护草原法律法规学习读本

## 草原征占用审核审批管理

# 保护草原的部分政策

## 草原火灾级别划分规定

农业部关于印发《草原火灾级别划分规定》的通知

农牧发〔2010〕7号

各省、自治区、直辖市及计划单列市农业、农机、畜牧、兽医、农垦、乡镇企业、渔业厅（局、委、办），新疆生产建设兵团办公厅，部机关各司局及有关直属单位：

《草原火灾级别划分规定》业经 2010 年 4 月 13 日农业部 2010 年第 4 次常务会议审议通过，现印发给你们，请遵照执行。

二〇一〇年四月二十日

第一条 为保障草原火灾的科学预防、扑救指挥及灾后处置，规范草原火灾统计报告划分级别，根据《中华人民共和国草原法》、《草原防火条例》有关规定，制定本规定。

第二条 发生草原火灾后，有关地方人民政府草原防火主管部门，应对受害草原面积、受灾畜禽种类和数量、受灾珍稀野生动植物种类和数量、人员伤亡、扑救支出、物资消耗及其他经济损失等情况进行统计，对草原火灾给城乡居民生活、工农业生产和生态环境造成的影响进行评估。

第三条 根据受害草原面积、伤亡人数和经济损失，将草原火灾划分为特别重大（Ⅰ级）、重大（Ⅱ级）、较大（Ⅲ级）、一般（Ⅳ级）草原火灾四个等级。

第四条 具体划分标准：

（一）特别重大（Ⅰ级）草原火灾

符合下列条件之一：

1. 受害草原面积 8000 公顷以上的；

2. 造成死亡 10 人以上，或造成死亡和重伤合计 20 人以上的；

3. 直接经济损失 500 万元以上的。

（二）重大（Ⅱ级）草原火灾

符合下列条件之一：

1. 受害草原面积 5000 公顷以上 8000 公顷以下的；

2. 造成死亡 3 人以上 10 人以下，或造成死亡和重伤合计 10 人以上 20 人以下的；

3. 直接经济损失 300 万元以上 500 万元以下的。

（三）较大（Ⅲ级）草原火灾

符合下列条件之一：

1. 受害草原面积 1000 公顷以上 5000 公顷以下的；

2. 造成死亡 3 人以下，或造成重伤 3 人以上 10 人以下的；

3. 直接经济损失 50 万元以上 300 万元以下的。

（四）一般（Ⅳ级）草原火灾

符合下列条件之一：

1. 受害草原面积 10 公顷以上 1000 公顷以下的；

2. 造成重伤 1 人以上 3 人以下的；

3. 直接经济损失 5000 元以上 50 万元以下的。

本条表述中，"以上"含本数，"以下"不含本数。

**第五条** 直接经济损失是指因草原火灾直接烧毁的草原牧草（饲草料）、牲畜、建设设施、棚圈、家产和其他财物损失（按火灾发生时市场价折算）。

**第六条** 本规定由农业部草原防火指挥部办公室负责解释。

**第七条** 本规定自发布之日起实行。

# 草原监理人员行为准则

关于印发《草原监理人员行为准则》的通知

农草（办）发〔2005〕69号

各有关省（自治区、直辖市）草原监理（监测）站（所、中心），新疆生产建设兵团草原监理站：

草原监理是依法行政的重要内容，草原监理机构是国家依法保护草原的主要力量。为强化草原监理人员有法可依、有法必依、执法必严、违法必究的依法行政意识，规范执法行为，努力培养一支政治合格、业务精通、作风过硬、高效廉洁的草原监理队伍，我中心依照有关法律法规，制定了《草原监理人员行为准则》。

现印发给你们，请认真学习，遵照执行。

农业部草原监理中心

二〇〇五年十二月十四日

**第一条** 为培养和造就政治合格、业务精通、作风过硬、高效廉洁的草原监理队伍，规范草原监理人员行为，依照有关法律、法规的规定，制定本准则。

**第二条** 各级草原监理人员应当严格遵守本准则。

**第三条** 勤奋学习，爱岗敬业，熟练掌握《草原法》及相关法律、法规，不断提高草原执法能力。

第四条 对群众的举报，应当做好记录，认真核实、依法处理。

第五条 热情接待群众来电、来访，依法解答，妥善处理。

第六条 严格遵循"有法必依、执法必严、违法必纠"的原则，坚持以事实为依据，以法律为准绳，做到事实清楚，证据确凿，适用法律正确。

第七条 按照规定的职责权限和法定程序履行公务，确保执法主体和执法程序合法。

第八条 执行公务时应当主动出示执法证件，表明执法身份。举止端庄，仪表大方。

第九条 执行公务时应当认真听取各方意见，接受群众监督，做到严格执法、文明执法。

第十条 查处案件时应当认真负责，讲求效率，保证质量，不敷衍塞责、推诿扯皮。

第十一条 尊重当事人的合法权益，不得拒绝和拖延当事人的合法请求。

第十二条 严格遵守工作纪律，不得在工作时间从事与本职业务无关的活动。

第十三条 忠于职守，秉公执法，不得单独办案或私下接触当事人。

第十四条 严格遵守廉洁从政规定，不得索取当事人的财物，不得违反规定收受礼品，不得接受可能影响公正执法的宴请。

第十五条 自觉接受草原行政主管部门、上级草原监理机构、舆论媒体和其他社会监督。

# 农业部关于进一步加强草原工作的意见

农牧发〔2010〕13 号

各省、自治区、直辖市和新疆生产建设兵团畜牧（农牧、农业）厅（局、委）：

为贯彻党的十七届五中全会精神，落实国务院第 128 次常务会议关于建立草原生态保护补助奖励机制和中央 1 号文件关于建立健全草原监理体系的要求，全面提高草原保护建设水平，加快推进生态文明建设，促进草原生态环境与牧区经济社会协调发展，现就进一步加强草原工作提出如下意见。

一、充分认识进一步加强草原工作的重要性和紧迫性

（一）准确把握当前草原工作面临的形势。进入新世纪以来，国家大力推进草原保护建设，实施草原重大生态工程，集中治理生态脆弱和严重退化草原，成效显著。目前，草原生态发生了积极变化，全国草原生态环境加速恶化的势头初步遏制，局部地区生态环境明显改善；草原畜牧业发展方式加快转变，综合生产能力稳步提升；牧民收入持续增长，生活水平显著提高。但草原牧区发展仍面临诸多矛盾和问题，草原生态环境整体仍在恶化，载畜能力大幅下降；草原畜牧业生产经营方式仍很落后，效益低下；草原自然灾害频繁，防灾抗灾能力薄弱；牧民收入水平低，增收难问题突出。草原生态环境持续恶化，不仅制约着草原畜牧业发展和牧民增收，影响着牧区经济社会

全面可持续发展，而且直接威胁到国家生态安全，草原保护建设各项工作亟待进一步加强。随着国家加快建设资源节约型、环境友好型社会，草原生态优先的战略定位进一步确立，"十二五"时期将是草原生态保护建设的重要机遇期，也是推进草原生态环境实现整体好转的攻坚期。必须立足草原牧区实际，坚持科学发展，集中力量解决草原牧区的突出矛盾和问题，提高草原牧区生态文明水平，增加可持续发展能力。

（二）统筹推进新时期各项草原工作。做好草原工作，是中央的要求，社会的期望，牧民的期盼。要深入贯彻落实科学发展观，实施生态优先战略，按照"保护草原生态、转变发展方式、促进草畜平衡、推动转移就业"的基本工作思路，采取更加有效的措施，尽快扭转草原生态持续恶化的局面，提高草原生产能力，促进草原可持续利用。从明年开始，国家将在重点草原省份全面启动草原生态保护补助奖励机制，实施禁牧补贴、草畜平衡奖励、牧民生产补贴、牧区教育支持和绩效考核奖励。这是一项大政策，落实这项政策给草原工作提出了新的更高的要求。我们要切实增强责任感和紧迫感，充分发挥主观能动性，在抓好重大草原生态工程建设的同时，扎实推进草原承包、草畜平衡、监督执法、监测预警和科技进步等管当前、利长远的各项工作，把中央的各项惠牧政策切实落实到草场牧户。

二、扎实推进和完善草原家庭承包经营制度

（一）明确草原权属。明晰草原所有权、确定草原使用权是深化牧区体制改革的重要内容，也是落实草原各项制度的基础。力争用五年左右时间，基本完成权属明确、管理规范、承包到户的草原承包经营体制改革任务。加强草原资源调查勘测，确定草原土地类型和四至边界。结合基本草原划定工作的开展，进一步明晰草原的权属关系。按照《农村土地承包经营法》、《草原法》的规定，依法开展草原登记，实现"草定性、地定权、人定心"，充分发挥牧民保护草原的主体作用。

（二）落实草原承包经营制度。将草原承包到户，明确草原承包者的权利义务是建立草原生态保护补助奖励机制的前提。只有草原承包到户，各类草原补贴才能落实到牧户。目前尚未实行草原承包的，要尽快落实到户，签订承包合同；已承包到户的，要进一步规范承包合同内容，特别要明确承包经营者落实草畜平衡、保护草原生态的义务和责任；实行联户承包的，要尽快在承包合同中确定联户成员的具体权益和责任。

（三）规范承包经营权流转。要加强草原承包经营权流转管理，在依法自愿有偿和加强服务的基础上，完善草原承包经营权流转市场，明确流转的程序、条件、方式及用途。建立健全草原承包经营权流转规程和流转合同登记备案制度，指导草原流转合同的订立，建立流转合同档案，规范草原承包经营权流转行为，维护流转双方合法权益。加强对草原流转情况的调查研究，及时掌握动态。强化对草原流转的监督管理，防止以草原流转为名，擅自改变草原用途。

（四）强化承包管理。要完善草原承包合同管理，各地核发的草原所有权和使用权证应统一式样，承包合同应确保内容齐全规范，数据准确无误，做到图、表、册一致，人、地、证相符。加强档案管理，准确、完整、及时地收集整理草原承包合同、牧户承包情况图表、原始文字记录等档案资料，归档保管。建立草原承包电子档案，实现草原承包工作的信息化管理。尽快建立草原纠纷调处机制，充分发挥草原监理机构的作用，引导农牧民通过人民调解、行政调处等途径，依法解决草原承包纠纷。

三、严格落实草畜平衡制度

（一）核定草原适宜载畜量。各地要结合本地区天然草原生态及生产力状况，加快确定草原适宜载畜量标准，核定草原载畜量，明确草原使用者或承包经营者的放牧牲畜数量上限，为落实草畜平衡奖励打牢基础。制定草原载畜量标准或者核定草原载畜量时，应当充分听取草原使用者和承包经营者的意见，组织专家进行论证，确保草原载畜量标准和草原载畜量核定的科学性和合理性。

（二）制定减畜计划。各地要根据核定的载畜量，制定明确的减畜计划，确定减畜数量，规定减畜时间进度，并逐级上报备案。要将减畜额度落实到村、到户，对落实减畜计划、实现草畜平衡的牧户及时兑现奖励资金，确保牧民减畜不减收。

（三）尽快实现草畜平衡。各地要制定完善草畜平衡核定办法，建立草畜平衡目标管理责任制，逐级签订草畜平衡责任状，明确领导责任。要实行草畜平衡公示制，发挥牧民的自我监督和社会监督作用。各地要切实采取措施，杜绝超载过牧。

四、继续强化草原执法监督

（一）加强草原监督管理。各地要高度重视草原监理机构执法监督条件和能力建设，配备必要的执法监督装备，提高监管能力。各级草原监理机构要做好草原承包、草原禁牧休牧轮牧、草畜平衡制度的具体落实和管理工作，加强对草原基础设施的管护。严格草原资源管理，保护草原建设成果。积极配合有关部门，加快制定草原植被恢复费征收标准和征收办法，力争从明年开始依法开展草原植被恢复费征收工作，确保资金取之于草原用之于草原，促进草原生态修复。

（二）加大对草原违法行为的查处力度。要在依法打击各种破坏草原、损害牧民合法利益行为的同时，加大对草原禁牧休牧制度、草畜平衡制度落实情况的监督检查力度，对禁牧区、休牧期的牲畜放牧情况实行常态化巡查，定期核查草畜平衡实施区放牧牲畜数量，对违反禁牧休牧和草畜平衡管理规定的行为做出纠正或处罚。要创新执法方式，重点查处和曝光一批大案要案，震慑不法分子。

五、不断加强草原监测预警

（一）加强草原监测。草原监测是确定草原生产能力、核定草畜平衡的基础，是评估政策效果的重要手段。要针对当前草畜平衡、草原生态方面监测工作比较薄弱的问题，丰富完善草原监测指标体系，改进监测方法和手段，优化监测指标，创新监测方法。在稳步推进国家级草原固定监测点建设的同时，各地要规划设置数量适宜、分布合理的省级、县级草原固定监测点。规范固定监测点的运行和管理，定期开展草原固定监测工作。抓紧开展草原本底调查，摸清政策实施基年的草原基本状况。加快开发监测预警信息系统，提高草原监测数据的信息化管理水平。及时编制监测报告，发布监测信息，客观反应草原植被生长、草原生产能力、草原生态、草原灾害、草原生态工程效益等状况和变化情况，为评估草原生态补助奖励政策实施效果、完善草原扶持政策、加强草原监督执法等提供科学依据。

（二）强化草原火灾预警。加强草原火灾监测预警，是做好草原防火、保护植被恢复成果的重要保障措施。要加强与气象部门、科研单位合作，开展草原火灾监测预警新技术新方法的研究，提高监测预警的准确性和时效性。在做好草原火灾监测预警的基础上，继续加强草原防火预案制度、物资装备、通讯指挥、应急队伍等方面的建设，努力提高对草原火灾的综合防控能力。

（三）完善信息预警机制。加强对草原生产和生态变化规律的研究，认真开展草原生产生态形势分析和预测，对可能出现的重大形势、趋势变化做出预报预警。建立信息发布制度，健全信息发布平台，强化信息预警，提出应对措施。积极引导农牧民做好人工草地建设、饲草料储备、畜群结构调整、牲畜出栏和草原灾害防治等工作，不断提高草原科学管理和风险应对能力。

六、大力推进草原科技进步

（一）加强草原科技创新。要以牧草产业技术体系为依托，围绕草原植被恢复和牧民生产方式转变，开展优质高产牧草和抗性牧草品种筛选、人工草地建植、划区轮牧模式、放牧季与非放牧季家畜补饲和结构优化、草原现代家庭牧场建设、草原鼠虫害防控、退化草原治理、草原保护建设成效分析评估等研究工作，尽快开发出一批自主创新的科技成果。

（二）加快先进适用技术推广。要以草原技术推广机构和牧草产业技术体系为主，根据不同的草原保护建设项目，做好适用技术的筛选、集成和展示工作。加快优良牧草高产栽培、退化草地补播改良、轮牧休牧、舍饲圈养、遥感应用、全球定位等先进适用技术的推广应用。加强草原保护建设科技综合示范区建设，加大引导示范和辐射带动作用，加快科技成果转化。

（三）加强人才培训培养工作。要针对不同的培训对象和培训需求，通过举办培训班、现场观摩会、科技入户、科技书屋等形式，加强对农牧民和基层草原管护员的培训，提高其发展现代生态畜牧业、开展多种经营和管护草原的能力。加强草原职业技能鉴定工作，加快草原实用人才培养，满足草原建设工作的需要。

七、切实加强草原工作的组织领导

（一）落实工作责任。各地要根据草原生态保护补助奖励机制实行"目标、任务、责任、资金"四到省的要求，落实属地管理责任。要把草原工作放到更加突出的位置，明确工作分工，落实具体责任，建立统一领导、各司其职、责任到人的工作机制，保证处处有人管，事事有人抓，切实把草原扶持政策落到实处。完善目标管理责任制，逐级建立健全绩效考核办法，细化明确考核指标，做到奖罚分明。建立健全督查制度，对政策落实施行全过程监控，确保政策不走样、不缩水。

（二）建立健全工作保障体系。要尽快建立机构设置合理，队伍结构优化，设施设备齐全，经费保障有力的草原工作体系，积极协调有关部门，妥善解决机构、编制、人员、经费等问题。在草原面积较大、草原生态脆弱的县级以上行政区域要建立草原监理机构，明确管理职责、充实监理队伍。已经设立监理机构的地方，要进一步理顺体制、完善机制。加强草原技术推广体系建设，明确公益性定位，健全基层服务网络，创新服务方式，提高服务质量。对禁牧、减畜和实施生态移民的牧户提供生态管护公益岗位，逐步建立一支以牧民为基础、覆盖所有草原的基层草原管护队伍。

（三）形成工作合力。各地要加强调查研究，广泛听取意见，积极争取发展改革、财政、教育、科技、劳动保障等部门的支持，尽快制定草原保护建设政策落实工作计划和实施方案。严格按照实施方案，一抓到底，要全面开展动员部署，组织落实，监督检查，及时发现新问题，及时加强和改进相关工作，切实保障各项任务按期完成。

（四）加强舆论宣传。要充分运用广播电视、入户宣讲、政策明白纸等多种形式，大力宣传草原生态保护补助奖励机制等草原扶持政策，使广大农牧民群众充分了解政策内容，增强保护建设草原的自觉性和主动性。广泛宣传草原在国计民生和生态文明建设中不可替代的重要作用，大力宣传草原保护建设的政策法规和发展成就，提高全社会关心草原、爱护草原的意识，使草原生态文明的理念深入人心。

各地在贯彻落实本意见过程中，如有问题或建议，请及时与农业部畜牧业司草原处联系。

二〇一〇年十一月二十六日

# 关于同意收取草原植被恢复费
# 有关问题的通知

财综〔2010〕29号

农业部，各省、自治区、直辖市财政厅（局）、发展改革委、物价局：

为保护和恢复草原植被，改善生态环境，根据《中华人民共和国草原法》的规定，现将草原植被恢复费有关问题通知如下：

一、进行矿藏勘查开采和工程建设征用或使用草原的单位和个人，应向相关省、自治区、直辖市（以下简称省级）草原行政主管部门或其委托的草原监理站（所）缴纳草原植被恢复费。

因工程建设、勘查、旅游等活动需要临时占用草原且未履行恢复义务的单位和个人，应向县级以上地方草原行政主管部门或其委托的草原监理站（所）缴纳草原植被恢复费。

在草原上修建直接为草原保护和畜牧业生产服务的工程设施，以及农牧民按规定标准建设住宅使用草原的，不缴纳草原植被恢复费。

二、草原植被恢复费收费标准由国家发展改革委、财政部另行制定。

三、勘查、开采矿藏和工程建设需征用或使用草原的，用地单位和个人应按规定权限向省级以上草原行政主管部门提出申请，经审核同意的，向省级草原行政主管部门或其委托的草原监理站（所）缴纳草原植被恢复费。用地单位和个人在办理建设用地审批手续时未获批准的，省级草原行政主管部门或其委托的草原监理站（所）应当将收取的草原植被恢复费全部退还用地单位和个人。

四、县级以上地方草原行政主管部门或其委托的草原监理站（所）收取草原植被恢复费，使用省级财政部门统一印制的财政票据。

五、县级以上地方草原行政主管部门或其委托的草原监理站（所）收取的草原植被恢复费，全额缴入地方国库，具体缴库办法按照省级财政部门的规定执行。草原植被恢复费收入列"政府收支分类科目"第103类"非税收入"02款"专项收入"13项"草原植被恢复费收入"。

六、征用或使用草原未获得建设用地批准，省级草原行政主管部门或其委托的草原监理站（所）需将收取的草原植被恢复费退还用地单位和个人时，应由省级草原行政主管部门或其委托的草原监理站（所）按实际发生的退还金额，附有关证明材料，向省级财政部门申请办理草原植被恢复费退库手续。

七、草原植被恢复费纳入财政预算管理，专项用于草原行政主管部门组织的草原植被恢复、保护和管理。使用范围包括：草原调查规划、人工草原建设、草原植被恢复、退化沙化草原改良和治理、草原生态监测、草原病虫害防治、草原防火和管护等开支。任何单位和个人不得截留或挪作他用。

八、省级财政部门商同级草原行政主管部门根据省以下各级草原行政主管部门承担的恢复草原植被职责，确定草原植被恢复费在省以下各级之间的资金使用比例，并报财政部备案。

九、县级以上地方草原行政主管部门应按规定编制草原植被恢复费收支预算，报同级财政部门审核。财政部门根据县级以上地方草原行政主管部门开展草原植被恢复、保护和管理工作需要，核定草原植被恢复费支出预算。草原植被恢复费支出列"政府收支分类科目"第213类"农林水事务"01款"农业"53项"草原植被恢复费支出"。草原植被恢复费的支付按照财政国库管理制度有关规定执行。

十、县级以上地方草原行政主管部门及其委托的草原监理站（所）应严格按照本规定执行，不得多收、减收、缓收、停收或者侵占、截留、挪用草原植被恢复费，并自觉接受财政、价格、审计部门和上级草原行政主管部门的监督检查。

财政部

国家发展改革委

二〇一〇年四月二十七日

# 最高人民法院关于审理破坏草原资源
# 刑事案件应用法律若干问题的解释

法释〔2012〕15 号

中华人民共和国最高人民法院公告

《最高人民法院关于审理破坏草原资源刑事案件应用法律若干问题的解释》已于 2012 年 10 月 22 日由最高人民法院审判委员会第 1558 次会议通过，现予公布，自 2012 年 11 月 22 日起施行。

最高人民法院

2012 年 11 月 2 日

为依法惩处破坏草原资源犯罪活动，依照《中华人民共和国刑法》的有关规定，现就审理此类刑事案件应用法律的若干问题解释如下：

**第一条** 违反草原法等土地管理法规，非法占用草原，改变被占用草原用途，数量较大，造成草原大量毁坏的，依照刑法第三百四十二条的规定，以非法占用农用地罪定罪处罚。

**第二条** 非法占用草原，改变被占用草原用途，数量在二十亩以上的，或者曾因非法占用草原受过行政处罚，在三年内又非法占用草原，改变被占用草原用途，数量在十亩以上的，应当认定为刑法第三百四十二条规定的"数量较大"。

非法占用草原，改变被占用草原用途，数量较大，具有下列情形之一的，应当认定为刑法第三百四十二条规定的"造成耕地、林地等农用地大量毁坏"：

（一）开垦草原种植粮食作物、经济作物、林木的；

（二）在草原上建窑、建房、修路、挖砂、采石、采矿、取土、剥取草皮的；

（三）在草原上堆放或者排放废弃物，造成草原的原有植被严重毁坏或者严重污染的；

（四）违反草原保护、建设、利用规划种植牧草和饲料作物，造成草原沙化或者水土严重流失的；

（五）其他造成草原严重毁坏的情形。

**第三条**　国家机关工作人员徇私舞弊，违反草原法等土地管理法规，具有下列情形之一的，应当认定为刑法第四百一十条规定的"情节严重"：

（一）非法批准征收、征用、占用草原四十亩以上的；

（二）非法批准征收、征用、占用草原，造成二十亩以上草原被毁坏的；

（三）非法批准征收、征用、占用草原，造成直接经济损失三十万元以上，或者具有其他恶劣情节的。

具有下列情形之一，应当认定为刑法第四百一十条规定的"致使国家或者集体利益遭受特别重大损失"：

（一）非法批准征收、征用、占用草原八十亩以上的；

（二）非法批准征收、征用、占用草原，造成四十亩以上草原被毁坏的；

（三）非法批准征收、征用、占用草原，造成直接经济损失六十万元以上，或者具有其他特别恶劣情节的。

第四条　以暴力、威胁方法阻碍草原监督检查人员依法执行职务，构成犯罪的，依照刑法第二百七十七条的规定，以妨害公务罪追究刑事责任。

煽动群众暴力抗拒草原法律、行政法规实施，构成犯罪的，依照刑法第二百七十八条的规定，以煽动暴力抗拒法律实施罪追究刑事责任。

第五条　单位实施刑法第三百四十二条规定的行为，对单位判处罚金，并对其直接负责的主管人员和其他直接责任人员，依照本解释规定的定罪量刑标准定罪处罚。

第六条　多次实施破坏草原资源的违法犯罪行为，未经处理，应当依法追究刑事责任的，按照累计的数量、数额定罪处罚。

第七条　本解释所称"草原"，是指天然草原和人工草地，天然草原包括草地、草山和草坡，人工草地包括改良草地和退耕还草地，不包括城镇草地。

# 保护草原的规划方案

## 牧区草原防灾减灾工程规划
## (2016—2020 年)

国家发展改革委　农业部关于印发牧区草原
防灾减灾工程规划（2016—2020 年）的通知

发改农经〔2016〕467 号

河北省、山西省、内蒙古自治区、辽宁省、吉林省、黑龙江省、四川省、云南省、西藏自治区、甘肃省、青海省、宁夏自治区、新疆自治区、新疆生产兵团发展改革委、农牧厅：

　　草原是我国面积最大的陆地生态系统，是广大牧民赖以生存的重要物质基础。为提高特区草原防灾减灾能力，维护牧区草原生态安全，促进牧区经济社会持续健康发展，我们联合编制了《牧区草原防灾减灾工程规划（2016—2020年）》。现印发你们，请结合实际扎实推进规划实施。

国家发展改革委

农业部

2016年3月3日

# 引　言

牧区在我国经济社会发展大局中具有重要的战略地位。牧区的发展关系到维护民族团结和边疆地区稳定大局。牧区是主要江河的发源地和水源涵养区，生态地位十分重要。草原是我国面积最大的陆地生态系统，是广大牧民赖以生存的重要物质基础。草原畜牧业是牧区经济发展的基础产业，是牧民收入的主要来源。近年来，牧区草原灾害频繁发生，严重威胁到草原生态安全，影响到牧区草原畜牧业生产和牧民增收，成为制约草原地区特别是牧区经济社会持续健康发展的瓶颈因素。

《中华人民共和国草原法》规定，国家对草原保护、建设、利用实行统一规划制度。国务院草原行政主管部门会同国务院有关部门编制全国草原保护、建设、利用规划，报国务院批准后实施。《国务院关于促进牧区又好又快发展的若干意见》（国发〔2011〕17号）明确提出，抓紧编制牧区防灾减灾工程规划，尽快启动实施。依据《草原防火条例》《国家突发公共事件总体应急预案》《国务院关于促进牧区又好又快发展的若干意见》

（国发〔2011〕17号）、《国务院关于加强草原保护与建设的若干意见》（国发〔2002〕19号）、《全国草原保护建设利用总体规划》《农业部草原畜牧业寒潮冰雪灾害应急预案》，国家发展改革委、农业部会同有关部门按照"尊重规律、因灾设防，突出重点、分步实施，预防为主、提高能力，强化监测、科学预警"的原则，强化防控基础设施建设，建立和完善监测预警防控与技术创新支撑体系，提升研判预警能力、快速反应能力、可持续治理能力和科技支撑能力，最大限度减少因灾损失，保障草原生态安全、草原畜牧业生产安全和人民群众生命财产安全，推进牧区生态文明建设。

本规划期为2016—2020年，规划基期为2015年。所指的牧区为《国务院促进牧区又好又快发展的若干意见》界定的13个省（区）268个牧区半牧区县（旗、市）和新疆生产建设兵团对应团场。所指的草原灾害包括草原生物灾害、草原火灾和雪灾。

一、我国牧区草原防灾减灾现状

（一）牧区草原灾害发生情况

1. 草原生物灾害

牧区草原生物灾害，主要是指草原鼠害、虫害、毒害草和牧草病害。据统计，草原上常见的害鼠有150多种，害虫有270多种，其中突发性强、易造成严重危害的害鼠有20多种，害虫有30多种。我国草原上分布着1300多种有毒有害植物，其中造成严重危害的60多种。我国已在15个科182属903种牧草上发现了929种真菌引起的牧草病害，其中尤以白粉病、锈病和褐斑病危害较重。我国草原生物灾害主要分布在河北、山西、内蒙古、辽宁、吉林、黑龙江、四川、西藏、云南、甘肃、青海、宁夏、新疆等13省（区）和新疆生产建设兵团。其中，尤以六大牧区危害较为严重。

多年来，我国草原鼠虫害和毒害草呈逐步增加态势，草原鼠害面积由上世纪80年代年均2.9亿亩上升至2001年以来的年均6亿亩左右，草原虫害由1996年以前的年均不足1亿亩上升至目前的3亿亩左右。2014年，全国草原鼠害5.2亿亩，虫害2.1亿亩，268个牧区、半牧区县毒害草危害达到2.6亿亩，牧草病害危害面积达566万亩。特别是上世纪90年代末期至本世纪初，随着全球气候变暖、草原退化、天敌减少和防控比例偏低，草原鼠虫害、毒害草和牧草病害连年高发的态势没有得到根本遏制。草原生物灾害严重发生时，草原植被损毁殆尽、寸草不留，毒害草引起大批家畜中毒，损失严重，直接影响到牧区草原畜牧业和半农半牧区粮食生产安全。近年来，全国因草原鼠虫灾害造成的年均鲜草损失近3600万吨，相当于1900万只羊单位一年所需的饲草量。此外，草原鼠虫害、牧草病害和毒害草还直接导致植被盖度大幅降低、表土裸露，引起草原退化、沙化和荒漠化，生态遭到破坏。

2. 草原火灾

草原火灾是指在失控条件下草地可燃物的燃烧行为发生发展，威胁人们生命财产安全，给草地资源、畜牧业生产及其生态环境带来不可预料损失的一种自然灾害。长期以来，我国草原不断遭受火灾的侵袭，草原火灾成为草原的主要灾害之一。

在 60 亿亩草原中，易发区占 1/3，频繁发生火灾的面积占 1/6。其中内蒙古锡林郭勒盟、呼伦贝尔市，新疆塔城地区、阿勒泰地区，黑龙江齐齐哈尔市、大庆市，吉林延边州、白城市，甘肃甘南州，四川甘孜州、阿坝州，青海三江源区及环湖地区等地为草原火灾偏重发生或受境外火威胁严重的地区。据统计，1949 年至 2014 年，我国牧区发生草原火灾 5 万多次，受害草原面积累计达 30 多亿亩，造成经济损失 600 多亿元，平均每年损失近 10 亿元。在草原火灾中，烧死烧伤 1898 人，其中烧死 468 人，一部分伤员成为终身残废。1991—2014 年，全国共发生草原火灾 8039 起，其中重大火灾 201 起，特别重大火灾 125 起；累计受害草原面积 9728.7 万亩；烧死烧伤 264 人；烧死牲畜 6 万多头（只），被迫转移牲畜 832 万多头（只）。

3. 草原雪灾

草原雪灾是指受冬春季节降雪量过多、积雪过厚，雪层维持时间过长以及大风、强降温等天气过程叠加影响，形成雨雪冰冻灾害，造成以天然草原放牧为主的草原牧区的家畜无法正常放牧，缺乏饲草供给，严重影响母畜产羔和仔畜安全越冬，进而导致畜牧业生产遭受损失的一种气象灾害。

我国草原雪灾集中发生在内蒙古、西藏、新疆、青海、甘肃、四川等 6 省（区），这些省区是我国传统的大牧区，是草食畜产品的重要生产供应基地。在地域上草原雪灾有三个多发、强发区，即内蒙古大兴安岭以西、阴山以北的广大地区，新疆天山以北地区，青藏高原地区，其中灾情最为严重的地区主要有内蒙古自治区呼伦贝尔市，锡林郭勒盟和兴安盟，新疆维吾尔自治区伊犁、阿勒泰、塔城等地区,青海省玉树州和果洛州,四川省甘孜州和阿坝州,甘肃省甘南州和祁连山地区,西藏自治区那曲和阿里地区等。草原雪灾特别是重特大雪灾一般来势迅猛,覆盖面大,灾情持续时间长,常给草原畜牧业生产和牧民群众生活造成巨大损失。据统计,建国以来6省(区)发生较大雪灾上百次,直接或间接导致死亡牲畜达2.4亿多头(只),造成经济损失超过千亿元。四川省甘孜州和阿坝州自1990年以来发生重大雪灾10余次,经济损失10多亿元。其中,1997年石渠县发生特大雪灾,牛羊死亡率达40%,经济损失达3亿元。西藏那曲地区1990年初、1995年初、1997年均发生了重特大雪灾,其中1989年冬至1990年春的雪灾造成113个乡受灾,牲畜死亡率达23%以上,个别县牲畜死亡率高达40%。青海南部牧区1995年冬至1996年春的特大雪灾造成63万头(只)牲畜死亡。1997年内蒙古的特大雪灾损失了448万头牲畜。2009年冬2010年春的草原雪灾涉及新疆阿勒泰地区、塔城地区和内蒙古锡林郭勒盟、呼伦贝尔市等地的120多个县(市、旗、团场),330多万人受灾,倒塌和损毁圈舍137万平方米,死亡大小牲畜28.4万头(只),畜牧业直接经济损失7.1亿元。

(二)防灾减灾工作现状

改革开放特别是进入新世纪以来,国家出台了一系列扶持政策措施,不断深化草原生态环境保护,加强牧区基础设施建设,草原防灾减灾工作取得了积极进展。

一是防灾减灾组织管理机制不断完善。农业部于1978年开始有计划地组织重点牧区开展草原鼠虫害防治工作,并于1985

年印发了《草原治虫灭鼠实施规定》，将草原鼠虫害防治工作纳入科学化、规范化轨道。"八五"期间开始组织草地重要有毒植物资料和牧草病害的收集整理工作，2000 年以来，组织开展牧草病害和毒害草防除试验示范。通过长期实践，形成了"统筹规划、统防统治、国家扶持，农牧民参与"的工作机制和"以生物防治为主，化学、物理措施为辅"的技术路线，并建立起了国家、省、地、县四级防治体系，保障鼠虫害防治工作有效开展。在草原防火方面，2010 年农业部印发了《关于加强草原防火基层应急队伍建设的意见》，组建了草原防火专家组。地方各级政府积极推进草原防火组织机构和扑火队伍建设，落实人员编制和人员经费。目前，全国已有县级以上草原防火机构 770 多个，防火工作人员 7300 多人。草原防扑火队伍建设不断加强，省、地、县、乡四级草原火灾应急队伍近 1.9 万人，较"十五"期间增加了 7000 多人。从 20 世纪 70 年代开始，我国主要牧区特别是草原雪灾频发地区陆续成立草原防灾减灾组织管理机构。近年来，草原雪灾应急组织机构更是进一步得到加强。农业部于 2008 年成立了草原雪灾应急管理工作小组及办公室，负责组织协调、指导、监督全国草原雪灾预警和防灾减灾工作。主要牧区省、地、县三级都成立了草原雪灾防灾减灾指挥部或领导小组及办公室，配备专职人员负责具体工作。

二是防灾减灾应急预案体系基本形成。2004 年，农业部发布了《全国草原虫灾应急防治预案》。在此基础上，重点牧区省份结合各地实际情况，发布了省级预案，重点地市、旗县也都发布了相应预案，基本搭建起了全国草原虫灾防治应急预案框架体系，为做好草原虫灾应急防治工作，防止虫灾暴发和扩散，保护生态环境，减少经济损失，促进社会稳定，保护草原资源提供了保障。经国务院批准，《全国草原火灾应急预案》自2010年11月1日公布施行。目前，国家、省、地、县、乡各级草原火灾应急预案达2000余件，并且大部分是由政府发布实施，增强了预案执行的权威性和可操作性，基本形成了政府统一领导、部门分工负责、专家出谋划策、救援队伍积极参与的应急预案体系。2012年，农业部发布了《农业部草原畜牧业寒潮冰雪应急预案》，强化雪灾应急处置。各地也不断加强应急预案制订工作，制订了农牧业重大自然灾害突发事件应急预案，将草原雪灾纳入其中进行管理。

三是防灾减灾应对措施不断强化。草原生物灾害防治工作始终坚持"预防为主，综合防治"的防治方针和"属地管理，分级负责"的工作原则。各级农牧部门每年3月组织开展当年发生趋势分析，预测预警危害程度，编发年度监测预警报告，指导防治工作。并根据预警，及早制定防治计划，下达防治任务，定期举办防治技术培训班。防治关键时期，加强督促检查，落实防治措施，防治工作机制逐步健全。草原防火工作坚持"预防为主，防消结合"的方针；坚持政府全面负责、部门齐抓共管、社会广泛参与的工作机制；坚持专群结合、军地协同、各方支持的工作方式。初步建立了有效的地区联防、专群联防、部门联防、军地联防等应急联动机制，明确以实行依法治火为基本前提、加强机构队伍建设为重要保障、加强宣传预警为首要环节、强化火源管控为主要手段、提升防扑火装备水平为物质基础、减少火灾损失为最终目标的草原防火工作思路。截至2014年，国家已累计投入草原防火基建资金5.97亿元，建设草原防火指挥中心33个、草原防火物资储备库64个、草原防火站145个，共储备风力灭火机3万多台、防火服4万多套、野外生存装备1万多套等防扑火物资。草原雪灾防控逐渐探索出一条符合牧区实际的工作思路。内蒙古、新疆、四川等省（区）开展以户为单位，以围栏草场、牲畜暖棚、人工饲草基地及牧民定居房屋为主要建设内容的草地"四配套"建设；西藏、青海、甘肃等省（区）围绕如何解决冬春冷季牲畜的"温饱"问题，不断加强饲草料贮备和牲畜棚圈等基础设施建设，提高抵御白灾能力。

四是防灾减灾技术日益进步。各地通过集中培训与现场培训、印发明白纸和技术手册，举办"马背学校"和"帐篷学校"，提高基层人员技术水平和科技入户率，技术推广服务趋于多元化。各地大力宣传与推广生物防治技术，减少化学农药用量，改善了生物农药剂型，完善了相关技术标准，防治措施趋于长效化，生物防治比例逐年攀升，草原鼠害、虫害生物防治比例已经分别达到80%和50%。草原火情监测、草原火险等级划分、草原火险预警与风险评估、草原火生态学、草原计划火烧等科研项目已取得初步成果。通过广泛开展演练和培训，草原火情监测预警、草原防扑火装备、草原防扑火技战术等技术广泛应用，草原防扑火水平逐年提升，近年来草原火灾24小时扑灭率稳定在90%以上。农牧部门联合气象部门及科研单位等，逐步建立并不断完善草原雪灾监测预警系统，初步形成了利用电话、无线电通讯、电视和基层广播网的预警发布网络，提高了监测预警水平，为政府部门迅速组织防灾抗灾工作提供了条件。近年来，国家级草原固定监测点工作逐步推进，已经建成国家级草原固定监测点 162 个并投入运行，每年定期提供返青、生长旺季、枯黄等方面的动态信息，为及时发布草原牧草生长状况提供第一手资料。

（三）面临的困难和问题

我国牧区草原防灾减灾工作虽取得了一定成效，但仍面临诸多困难和问题，远不能满足当前生态文明建设、草原生态保护与草原畜牧业发展的需要。主要表现在以下三个方面。

一是监测预警能力较低。多数草原地区灾害监测预警体系建设还不完善，监测预警信息覆盖面和时效性亟待提高，灾情监测预警、信息采集和灾后评估体系有待改进。草原灾害监测预警基础设施简陋，缺乏必要的路线调查设备，监测覆盖面不足，灾害信息传递不及时，基础地理信息和背景数据亟待完善和更新，导致监测能力滞后，不能有效地实现灾前预报，往往是成灾后再救灾，导致防灾减灾费用成倍增加。国家级草原固定监测点建设滞后，在装备、数量、区域性、代表性等方面不能满足现实需要，与我国草原大国地位不相称，未形成有效的定位监测网络体系，难以做到草原资源与生态监测常态化和持续性。

二是应急防控能力较弱。各地草原灾害防控物资储备装备明显不足，专业化防治队伍普遍缺乏，应对突发性草原灾害能力薄弱，工作被动。草原鼠虫害年均防治面积不足灾害面积的

20%，毒害草和牧草病害防治仅限于试验示范，大面积未防区域又为第二年暴发灾害埋下隐患，造成"年年防治、年年成灾"。草原防火基础设施不完善，先进的防扑火装备和技术手段欠缺，信息化水平落后，应对重大草原火灾的综合能力较低。草原雪灾多发地区牲畜暖棚、人工饲草基地、饲草料储备库和抗灾设备等基础设施不足，难以抵御较大灾情；重特大草原雪灾发生时，能及时调度反应的防控力量十分有限，还停留在"遭灾即损、即发即防"的阶段。

三是科技创新能力不强。长期以来，从事草原灾害防治研究的人员少、经费少，产学研结合度不够。受研究项目、研究方法等因素的制约，草原生物灾害发生规律、监测预警与生物生态防治等关键技术研究尚不够深入，产业化步伐不快，引进国外先进技术几近空白。草原火险、草原雪灾监测预警与风险评估等技术研究和应用亟需进一步加强，利用卫星监测火情、过火面积、积雪厚度等的技术水平和精度有待提高，草原扑火专用装备研究成果转化亟待加强。

二、提高牧区草原防灾减灾能力的重要意义

（一）建设牧区生态文明和维护草原生态安全的迫切需要

党的十八大提出了五位一体的总体布局，对生态文明建设进行了总部署，规划了建设美丽中国的宏伟蓝图。2011 年的全国牧区工作会议和《国务院关于促进牧区又好又快发展的若干意见》（国发〔2011〕17 号），明确了草原牧区发展必须坚持"生产生态有机结合、生态优先"的基本方针。2015 年 5 月，中共中央国务院关于加快推进生态文明建设的意见，进一步提出了草原生态建设的具体要求和明确目标。草原是陆地生态系统的主体，在新时期生态文明建设大局中具有重要作用。加强草原防灾减灾工作，对于巩固草原生态保护多年工作成果，减少草原植被和土层破坏，防止水土流失和草原退化沙化，维护草原地区生态环境平衡具有重要意义。

（二）保障牧区草原畜牧业平稳健康发展的迫切需要

草原是牧区畜牧业发展最基础的生产资料，草原灾害是影响牧区畜牧业平稳健康发展的最主要因素。近年来，草原鼠害、虫害、牧草病害和毒害草年均危害面积超过 10 亿亩，造成鲜草年均损失超过 300 亿公斤，仅此一项造成直接经济至少 90 亿元。受全球气候变暖、高火险等级草原面积不断扩大等诸多因素的影响，草原防火形势日趋严峻，草原火灾危害程度不断加大，给草原畜牧业健康发展带来威胁。受厄尔尼诺现象影响，牧区冬季年年发生寒潮强降雪冰冻极端天气，2009 年冬至 2010 年春发生的重特大草原雪灾，涉及内蒙古、新疆等地的 120 多个旗县、团场，大量牲畜被饿死或冻死，草原畜牧业损失惨重。草原灾害的易发、多发性，及其对草原畜牧业生产危害的严重性，要求进一步加强草原防灾减灾基础设施建设和草原灾害防控等工作，保障牧区草原畜牧业平稳健康发展。

（三）促进边疆少数民族地区和谐稳定的迫切需要

草原灾害易发县大都是边疆和少数民族地区，贫困人口比较集中，经济社会发展相对落后，防灾减灾基础设施建设一直比较薄弱。一旦发生草原灾害特别是重特大草原灾害，将直接危及牧区人民群众正常生产生活秩序，制约地区经济发展，影响社会安定和民族团结。加强草原防灾减灾基础设施建设，提高草原地区灾害监测预警、风险评估与防灾减灾能力，不仅能有效保障人民群众生命财产安全，更是维护边疆少数民族地区社会长治久安、构建和谐社会的迫切需要。

三、指导思想、基本原则和主要目标

（一）指导思想

深入贯彻落实党的十八大以来的一系列会议精神，依据《国务院关于促进牧区又好又快发展的若干意见》（国发〔2011〕17号）有关要求，坚持预防为主、科学防治的理念，强化草原灾害防治基础设施建设，建立和完善多手段监测预警、应急防治与技术创新支撑体系，提升研判预警能力、快速反应能力、可持续治理能力和科技支撑能力，最大限度减少因灾损失，保障草原生态安全、草原畜牧业生产安全和牧区人民群众生命财产安全，推进牧区生态文明建设。

（二）基本原则

1. 尊重规律，因灾设防。坚持从实际出发，按客观规律办事，针对牧区草原灾害发生特点，因地制宜，分区施策，科学设计防灾减灾建设内容。

2. 突出重点，分步实施。根据牧区草原灾害治理的紧迫程度，突出重点，分步实施，优先开展灾害频发区、高危害区工程项目建设。

3. 预防为主，提高能力。以防灾减灾基础设施建设、科研试点示范为重点，夯实牧区草原灾害防治物质基础，提高牧区草原灾害研究分析、快速反应和可持续治理能力。

4. 强化监测，科学预警。强化监测能力，对全国草原资源、生态和灾害情况实施全面监测，进一步提升预警精度，为牧区草原灾害的早发现、早防治提供科学依据。

（三）规划目标

通过改善基础设施条件，进一步提高装备水平，增强监测预警、信息调度、应急处置和扑救能力，逐步实现草原灾害防控装备现代化、扑救指挥科学化、应急反应高效化。

——增强监测预警能力。基本建立牧区草原灾害监测预警系统，实现灾害预警能力，确保灾情快速收录和准确传输、信息调度和发布等。其中，草原鼠虫害短期、中期、长期预报准确率均提高 10 个百分点以上；基本摸清我国草原毒害草和牧草病害分布状况及危害程度。在 268 个牧区半牧区县建设国家级草原固定监测点，为草原资源与生态监测提供支撑和保障。

——提升防控处置水平。草原鼠虫害防治面积和专业化统防统治比例进一步提高，鼠害及虫害生物防治比例提高 5—10 个百分点。草原毒害草和牧草病害防治工作从试验示范向推广治理转变。牧区草原火灾 24 小时扑灭率稳定在 90% 以上，特别重大草原火灾发生率控制在 1% 以下。雪灾年份牲畜越冬度春死亡率下降，仔畜越冬成活率明显提高。

——增强物资保障能力。重大突发性灾害的物资调配和专业化防治队伍到达防治地点的"两到位"时间控制在 24 小时之内。基本建立覆盖牧区各重点防火地市、旗县的防火物资保障系统，草原扑火综合作战能力和对草原火灾的处置能力明显提高。建立防灾饲草料统一调配和饲草料储备制度，合理布局储备设施，满足灾区能繁母畜应急补饲所需，建立短期就近救灾与中后期储备草料统一调配相结合的长效机制。

四、技术路线

针对目前牧区草原生物灾害、草原火灾和雪灾的发生情况，"十三五"期间的草原牧区防灾减灾工作的技术路线是，实时监测预警，掌握草原动态；有序指挥调度，做好防控准备；加强灾害处置，减少因灾损失。

（一）实时监测预警，掌握草原动态

加强草原管理部门监测预警能力建设，注重地面路线监测、定位监测和遥感监测的结合，充分利用信息化手段，掌握草原变化情况，及时开展分析研判，加强草原灾害监测预警，为草原灾害防控提供支撑，尤其在重点地区和关键时期实行全方位监测预警。发挥国家级草原固定监测点的核心站点作用，构建我国草原资源与生态监测体系，注重对草原资源与生态的长期定位监测，为草原保护建设提供支撑。

（二）加强指挥调度，确保信息畅通

各级草原管理部门根据监测预警数据和分析研判结果，按照灾害防控预案要求，充分利用信息化手段，及时上报和发布有关灾害信息。建设防灾减灾指挥调度系统，根据灾情和防控物资、力量分布情况等，加强指挥调度，确保信息畅通和防控准备到位，为灾害防控提供保障。

（三）加强灾害防控，减少灾害损失

在草原生物灾害方面，加强草原鼠虫害和毒害草防治基础设施建设，扩大防治面积，注重采用生物防治技术，并强化联防联控；在草原火灾方面，建设草原火灾应急通讯指挥系统、防火物资储备库、防火站和边境防火隔离带，建立专业半专业防扑火队伍，开展技能培训和应急演练，提高草原防扑火能力。在草原雪灾方面，加强雪灾易灾县（旗、市）饲草料储备库建设，推进建立饲草料储备制度，提高抵御灾害能力。

五、总体布局

（一）草原灾害防控区域布局

1. 牧区草原生物灾害。主要根据我国草原生物灾害的时空分布特征，结合多年来各地的防治工作情况，确定 268 个牧区半牧区县（旗）和新疆生产建设兵团的 34 个团场（牧场），共计 302 个草原生物灾害常发生县（旗、团场）为本规划的实施区。根据灾害危害程度进行分级，草原生物灾害危害面积大于 300 万亩为Ⅰ级危害县，危害面积大于 150 万亩、小于 300 万亩的为Ⅱ级危害县，危害面积小于 150 万亩、大于 50 万亩的为Ⅲ级危害县，在项目实施中将分类开展监测预警和防治能力建设。

2. 牧区草原火灾。主要依据全国草原火险区划，重点在河北、山西、内蒙古、辽宁、吉林、黑龙江、四川、西藏、甘肃、青海、宁夏、新疆 12 个重点省（区）及新疆生产建设兵团中火险级别以上的 74 个地市（盟、州、师）和 290 个县（旗、团场）实施。考虑到草原自然保护区一般由省级农牧系统垂直管理，防火形势严峻，地方防火基础设施难以满足，将牧区范围内草原自然保护区纳入规划布局进行建设。

3. 牧区草原雪灾。依据我国草原雪灾历史发生情况和区域特点，内蒙古、四川、西藏、甘肃、青海、新疆等省（区）224

个牧区半牧区县（旗）为草原雪灾易灾重灾区。其中将易遭受Ⅱ级以上雪灾（地面平均积雪厚度5厘米以上，24小时降雪量5毫米以上且降雪范围400万公顷以上，造成畜牧业直接经济损失2.5亿元以上）的重灾县（旗）划为工程实施的重点易灾县，共108个县（旗），其中牧区县（旗）70个，半牧区县（旗）38个。将易遭受Ⅲ级以上雪灾（地面平均积雪厚度5厘米以上，24小时降雪量5毫米以上且降雪范围200万公顷以上400万公顷以下，造成畜牧业直接经济损失1亿元以上2.5亿元以下）的受灾县（旗）划为工程实施的一般易灾县，共116个县（旗），其中牧区县（旗）36个，半牧区县（旗）80个。按照轻重急缓的原则，"十三五"期间重点加强重点易灾县防灾基础设施建设。

（二）固定监测点建设区域布局

遵循国家级草原固定监测点规划布局，按照资源优势、生态敏感、价值优先、均匀布点等原则，拟定在全国18个草原大类、20个亚类、824个草原型中，选择部分代表性强、生态分布区域典型的草原，设置824个国家级草原固定监测点。本规划将在162个现有固定监测点基础上，优先在牧区半牧区县再建设300个草原固定监测点。

六、重点领域

（一）牧区草原生物灾害防治

1. 草原生物灾害监测预警与指挥体系建设。搭建全国草原生物灾害监测预警与指挥体系，实现全国草原生物灾害监测预警与指挥一体化。重点加强农业部、重点省区、重点区域（边远少数民族地区所辖牧区县半牧区县超过3个、灾害易发的38

个重点地市，下同）监测预警指挥平台建设，按照县域加强草原有害生物本底数据调查和灾情监测，并结合草原生态保护补助奖励机制的实施，加强村级测报员（草原管护员）队伍建设，不断完善草原生物灾害监测预警体系，提高草原生物灾害预测预报的准确性，实现灾情的"早发现、早预警、早处置"。

2. 生物灾害防治能力建设。以提高对草原突发性、重大生物灾害的应急调控，建立物资储备和应急防治机制为目标，在重点区域建设应急物资储备库，建立应急专业化防治队；在302个县（旗、团场），按照灾害分级建设县域内生物灾害防治设施。

3. 技术支撑能力建设。按照草原鼠害、虫害、毒害草和牧草病害4个方向，依托有关科研院所、大专院校，结合目前学科优势，建设防治技术研发中心，初步形成集农药安全使用技术、草原植保机械研发、中试、标准化生产及技术推广等为一体的草原防治技术研发与试验示范体系，提升技术创新与支撑能力。

4. 生物防治示范基地。在新疆天山北坡建设人工招引粉红椋鸟治蝗研究实验基地，与有关科研机构联合加强椋鸟治蝗技术研究，为推广应用提供技术保障。

（二）牧区草原防火

建设内容包括草原防火物资保障系统、草原火灾应急通信指挥系统以及草原火情监控系统等。

1. 草原防火物资保障系统。包括草原防火站、草原防火物资储备库、草原防火物资装备购置三部分。

——草原防火站。县级草原防火部门是实现草原火灾早发现、早扑救的最基层力量，是火情核实、火情巡察和火灾扑救的第一组织者和实施者。加强基层草原防火基础设施建设，做到草原火情的早发现、早处置，是做好草原防火工作的关键。本项目主要在极高火险、高火险县级草原防火部门实施，建设防火物资储备库房，配备一定数量的防扑火机具、草原消防专用车、防火隔离带开设设备等，发生火灾，迅速利用防火站物资进行扑救。

——草原防火物资储备库。发生重大和特别重大草原火灾，单靠县级扑火力量不足以有效应对，必须由上级统一调度本级扑火队伍和有关相邻县区的扑火力量迅速参与扑救。在极高火险市、高火险市或分片区建设草原防火物资储备库，同时建设4个中央级防火物资库，配备一定数量的防扑火机具、大型扑火装备等，提升物资装备水平，保障对重大和特别重大草原火灾以及跨省市县区域扑救草原火灾的需要，也可对县级草原防火站消耗物资的及时补充，有效建立防火物资补充长效机制。

——草原防火物资装备购置。对2010年以前建设投入使用的草原防火物资储备库和防火站所消耗的物资装备进行补充，对每个已建库和站各购置快速扑火装置，用于快速扑救草原火灾，解决老项目库空问题。对未列入本规划重点草原防火综合治理区的中火险市、县进行装备，购置快速扑火装置、防火隔离带开设机具，以提高全国草原火灾防控水平。

2. 草原火灾应急通信指挥系统。主要是在完善省级和地市级草原防火指挥信息系统的基础上，实施草原火灾应急通信指挥系统音视频双向传输项目，实现音视频双向同时传输。建设重点为国家、省级、极高火险市、极高火险县草原防火部门。

建设草原火灾应急通信指挥音视频双向传输卫星固定站，配备现场音视频信息采集设备、一键对星卫星应急通信设备、北斗卫星信息设备、无人驾驶火情侦察机、指挥视频会议系统等，以实现防火信息数据共享和火场信息双向实时传输。

3. 草原火情监控系统。加强草原火监控基础设施建设，建设覆盖全国主要草原防火区的火情监测点、瞭望设施和监控预警平台，建立云结构的草原防灾减灾监控信息系统，提升研判预警、快速反应和科技支撑能力，最大限度减少因灾损失。主要包括建设火情瞭望塔，配备前端预警监测系统、室内控制系统平台、应急传输系统、移动监测站（包括牵引装置）及信息数据传输等设施设备。

（三）牧区草原雪灾防灾减灾

牧区雪灾发生后，长时间的雨雪冰冻低温，导致饲草供给困难，母畜产羔和仔畜生存缺乏保暖设施，难以安全越冬。按照防灾重于救灾的思路，发挥广大牧民的主体责任意识和政府的引导作用，加强抗灾减灾基础设施建设，提升抗灾保畜能力。支持在雪灾发生频度高和发生强度大的牧区半牧区县（旗），建设母畜越冬暖棚，减少成幼畜越冬死亡率。在适宜地区建设饲草储备库，推进建立保障储备库所需牧草的及时更新补充，建立饲草储备周转长效机制，保障灾期牧草供应，改善牲畜越冬条件，提高成活率。同时，配备必要的疏通牧区交通的破雪机械，逐步完善草原雪情监测预警、灾害评估、应急响应机制，提高应急保障能力。

1. 能繁母畜越冬暖棚。立足于建设重点易灾区能繁母畜标准化越冬暖棚，改变当前牲畜棚圈建设标准低、保温条件差、不能满足冬春接羔需要的现状，提高仔畜成活率。基于当前50%以上能繁母畜没有暖棚的现状，按照再提高10个百分点的目标，每只能繁母畜配备标准化暖棚1.2平方米，共需修建能繁母畜暖棚692万平方米。

2. 饲草储备库。立足于防大雪抗大灾，着力加强牧区雪灾防控基础设施建设，按照保证灾区10天内未舍饲能繁母畜应急救灾补饲需要，建设标准的雪灾应急物资储备库，储备一定数量饲草料，建立防灾应急饲草储备机制。配备草原畜牧业寒潮冰雪灾害应急交通工具、除冰雪机具、通信器材、饲草料及应急燃油等必要的应急物资。

（四）国家级草原固定监测点

建立健全国家级草原固定监测点，全面开展草原定位监测工作，完善国家草原资源与生态监测网络，实现草原监测工作的科学化、制度化、规范化。科学合理设置监测场地，规范建设高标准围栏，配备用于草原生态系统定位监测设备和室内实验器材。具体包括场地设施建设和监测设备两部分。场地设施建设包括高标准围栏、标牌、定位拍照标示桩等；监测设备包括便携式土壤水分速测仪、野外取样工具、GPS 接收机、PDA-GPS 野外数据采集装置、数字照相机等定位监测点数据采集设施设备，每个监测点27台（套、处、间）。在具备条件的地区，进一步拓展国家级草原固定监测点的功能，逐步将生物灾害监测等纳入监测范围，配备专业技术人员和必要设备，增加病虫草鼠害的监测预警能力。

（五）资金筹措

按照轻重缓急、突出重点的原则，科学安排、合理确定建设时序，优先完成重点事项。国家有关部门要积极利用中央现有渠道资金，加大对牧区防灾减灾公益性基础设施建设的支持。相关省（区）在实施规划中要加大投资力度，协调落实各项建设任务投资。鼓励和引导牧民自筹资金，支持以 PPP 模式引导社会资本，加大对防灾设施投入。规划如未能按期完成，可适当延期执行。

七、效益分析与环境影响评价

（一）效益分析

1. 生态效益。通过规划实施，草原生物灾害年防治能力将达 4.5 亿亩次，相当于每年新增草原固碳 3900 万吨，折合二氧化碳 1.4 亿吨。同时，减少草原受害面积，降低危害程度，有效保护草原涵养水源、保持水土功能，减少风沙危害，减缓土壤含水量蒸发，调节气候，减轻气象灾害对草原生态环境的破坏能力，改善草原及周边地区环境，保护草原生态环境和生态建设成果。

2. 经济效益。通过规划实施，加强草原防灾减灾基础设施建设，最大程度地减少因草原灾害给农牧民带来的经济损失。年均可减少牧草损失约 135 亿公斤，减少牧草直接经济损失 40 亿元，投入产出比约为 1∶8。牧区牲畜越冬度春死亡率和仔畜越冬成活率得到提高，能繁母畜流产率明显下降，减少寒潮强降雪冰冻灾害带来的损失。

3. 社会效益。通过规划实施，提高草原灾害防控和应急处置能力，改善牧区防灾减灾条件，推进牧区畜牧业生产方式转变，促进草原牧区物质文明、精神文明和生态文明建设，提高广大农牧民的生态意识和环保意识，使农牧民深深感受党的政策温暖，共享改革发展成果，增强民族团结，维护边疆民族地区稳定，推动牧区社会走上生产发展、生活富裕、生态良好的文明发展道路。

（二）环境影响评价

草原是我国陆地生态系统的重要主体，对生态环境和生物多样性的维护具有极其重大和不可替代的作用。该工程规划的实施，会对草原环境带来一些不利影响，但通过采取有效措施可以降低影响程度。

1. 对草原景观的影响。建设储备库就地取石、取土会对草原环境造成破坏；工程建筑废弃物、农药包装废弃物等会改变周边草原原有的面貌，影响到草原的整体景观效果，如果不及时清理，会对周边环境造成污染。应合理规划取材地点，避免乱挖乱采，及时清运建筑废弃物；农药小包装废弃物要及时清运，大的铁桶或塑料桶要统一集中放置，统一集中清运，最好做到回收再利用，切勿随意给农牧民，以免造成人畜伤亡。

2. 对生态环境的影响。农药的不科学使用可能会对大气、水体、土壤、非靶标生物等产生一些影响；饲草储备库建设与草原生物灾害防治期间，车辆碾压会造成草原破坏，对生态环境带来不利影响。应使用低毒、低残留、环境友好型农药，加大粉红椋鸟等天敌防治力度，避开湖泊、水塘等水体，防止水体及其水生生物污染；科学布局饲草储备库，鼓励以荒草地或原有道路为通道（牧道），尽可能避免形成新的破坏。

3. 对生态平衡的影响。农药的长期大量不合理使用可能会造成生物相的多样性降低和某些种类生物量的减少；人工饲草基地的不当开发建设可能会造成水土流失，导致生态系统稳定性下降，最终破坏生态平衡。应选用选择性好的化学药剂，加大生物防治等可持续治理力度，减少对非靶标动植物的伤害；选种多年生牧草，减少草地耕翻，在留足生态用水的基础上，合理确定人工饲草基地建设规模，降低对生态平衡的影响。

八、组织保障措施

（一）建立长效机制，拓展投资渠道

把草原防灾减灾基础设施建设纳入各级政府国民经济和社会发展规划，将草原防灾减灾工作经费纳入各级财政预算，加大投入力度。引导牧民提高灾害防范意识和灾害应对能力，鼓励牧民自筹资金，加大棚圈等基础设施建设力度。探索推行PPP模式以企业为主体，建立饲草料储备库，明确责任义务，推进建立饲草料储备库长效运行机制和政府对饲草储备库运行补贴机制，确保饲草料储备库应急物资规模保持稳定、循环使用，实现救灾与企业正常经营相结合。

（二）加强组织领导，落实建管责任

草原防灾减灾基础设施建设是草原生态环境建设的重要组成部分，是一项涉及面广、技术性强的系统工程，各级政府和相关部门要高度重视，加强组织领导，按照项目建设要求，落实目标责任，切实把工作抓细、抓实、抓好，做到领导到位、政策到位、措施到位、责任到位。同时，牧民是草原利用和管理的主体，要逐步提高牧民防火、防灾意识，并结合当前牧区信息化条件快速改善的现状，发挥牧民在放牧过程中监测预警、群防群治及科学管护利用草原能力。

（三）建立健全预案，规范防治工作

针对草原灾害突发性特点，建立并不断完善草原灾害相关专项应急预案，建立全面、准确、迅速、有序应急工作机制，防止灾害暴发和扩散。农业部应不断完善《全国草原虫灾应急防治预案》《全国草原火灾应急预案》《农业部草原畜牧业寒潮冰雪灾害应急预案》等，各易灾地区要进一步完善本地预案，量化减灾指标，实行目标管理。发布《国家级草原固定监测点监测工作业务手册》《国家级草原固定监测点管理运行规范》等规章制度，指导以国家级草原固定监测点为核心的全国草原监测网络常态化、制度化地开展各项监测工作。规范草原火灾、雪灾、生物灾害预测预报指标和防治标准，提高防治效果。草原灾害防治所需物资采取政府统一采购，以保证产品质量和安全生产。

（四）加强技术培训，提高队伍素质

切实加强基层测报与防治队伍建设，打牢草原灾害防控工作的基础。部级草原灾害防治机构负责全国技术师资队伍培训，省级机构负责防治与测报技术人员的培训工作。草原灾害防治人员上岗前要经过专业技术培训，并定期参加轮训。每个物资储备库建立相应的专业服务队，服务队成员上岗之前经过机械使用技术、防治技术、农药管理等技术培训。

（五）强化科技支撑，提高防灾水平

各级政府要将草原防灾减灾关键技术研发和推广工作纳入

科技发展规划，加强草原灾害发生机理、灾变规律、监测预警和防控技术研究，加大成果转化力度，大力推广应用草原防灾减灾先进技术，强化卫星遥感、北斗导航、地理信息系统等高科技在草原灾害监测预警评估和应急工作中的推广应用，不断提高草原防灾减灾工作的现代化水平。

（六）加强协调配合，发挥部门合力

各级农牧部门在落实规划建设内容，加强牧区草原防灾减灾工作中，在灾害监测预警、通讯指挥、应急防治等方面，加强农牧部门内部统筹协调，建立信息共享、联防联控机制。同时，要注重与气象等部门的配合，充分发挥气象部门在牧区气象监测预警、人工影响天气等方面的优势，形成部门合力，提高我国牧区灾害综合防控能力。

附图：1. 草原鼠害分布图（略）

2. 草原虫害分布图（略）

3. 草原火险区划图（略）

4. 草原雪灾易灾重灾县分布图（略）

附表：1. 全国牧区半牧区县名录（略）

2. 牧区草原生物灾害防治基础设施建设项目实施范围表（略）

3. 牧区草原防火基础设施建设项目实施范围表（略）

4. 牧区草原雪灾防灾基础设施建设项目实施范围（略）

5. 牧区国家级草原固定监测点建设范围表（略）

# 耕地草原河湖休养生息规划
## （2016—2030 年）

关于印发耕地草原河湖休养生息规划

（2016—2030 年）的通知

发改农经〔2016〕2438 号

各省、自治区、直辖市人民政府，新疆生产建设兵团：

《耕地草原河湖休养生息规划（2016—2030 年）》

已经国务院同意，现印发给你们，请认真贯彻执行。

国家发展改革委

财政部

国土资源部

环境保护部

水利部

农业部

国家林业局

国家粮食局

2016 年 11 月 18 日

## 引　言

耕地草原河湖作为至关重要的农业资源和不可或缺的生态

资源，是人类赖以生存的基本条件和经济社会发展的物质基础，为保障经济社会的可持续发展，必须坚持用养结合，保护耕地草原河湖资源。我国的基本国情是人多地少水缺，保护耕地草原河湖资源的任务比其他任何时候都更加紧迫。党中央、国务院历来高度重视资源保护和生态建设。多年来，通过制定完善法律法规、实施相应政策措施、加大资金投入、加强管控维护，我国耕地草原河湖资源的保护和修复取得积极进展。但随着我国经济社会的不断发展，对耕地草原河湖资源的开发与索取超出了承载能力，迫切需要合理降低开发强度，恢复生态功能，促进农业可持续发展。

党的十八大报告明确提出："建设生态文明，是关系人民福祉、关乎民族未来的长远大计"。党的十八届三中全会要求"调整严重污染和地下水严重超采区耕地用途，有序实现耕地、河湖休养生息"。2015年9月，中共中央、国务院印发的《生态文明体制改革总体方案》（中发〔2015〕25号），提出建立耕地草原河湖休养生息制度，编制耕地草原河湖休养生息规划。党的十八届五中全会要求"坚持保护优先、自然恢复为主，实施山水林田湖生态保护和修复工程"。2016年中央一号文件进一步要求编制实施耕地、草原、河湖休养生息规划，探索实行耕地轮作休耕制度试点。

为加快构建农业生态资源保护与修复治理制度体系，增强资源集约节约利用和生态环境保护工作的系统性、整体性、协调性，有序实现耕地草原河湖休养生息，根据党中央、国务院的部署和要求，国家发展改革委会同财政部、国土资源部、环境保护部、水利部、农业部、国家林业局、国家粮食局编制了本规划，重点是从顶层设计上，明确耕地草原河湖休养生息的指导思想、基本原则，提出阶段性的目标、任务和政策措施，以指导各地开展相关工作，推动实现农业资源永续利用，维护国家资源和生态安全。

本规划期限为 2016—2030 年。

一、现状与形势

耕地草原河湖资源是经济社会发展的重要物质基础，也是中华民族文化传承的重要载体。我国的耕地草原河湖资源相对较为丰富，但人均占有量远低于世界平均水平，且区域分布不均、资源匹配度差，长期的高强度开发、超负荷利用导致农业生态系统结构和功能受到不同程度损害，已经危及资源永续利用和生态安全。虽然针对上述问题做了大量的工作，但仍未从根本上解决。逐步建立耕地草原河湖休养生息制度，改善农业生态环境，提高资源保障能力，实现可持续发展，已提上重要议事日程。

（一）耕地草原河湖资源现状

根据 2014 年度土地变更调查数据和国土资源公报，我国实有耕地面积 20.26 亿亩，其中含有难以稳定利用的耕地和根据国家政策需要逐步调整退耕的耕地，适宜稳定利用的耕地保有量 18.65 亿亩，基本农田保护面积在 15.6 亿亩以上，守住了 18 亿亩耕地红线。人均耕地 1.48 亩，不到世界人均耕地面积的一半。其中，东部地区耕地占全国耕地总面积的 19.4%、中部占 22.7%、西部占 37.3%、东北占 20.6%。全国耕地质量总体偏低，中低产田占三分之二以上。2015年底，全国耕地有效灌溉面积9.68亿亩，已建成的高标准农田4亿亩。

我国天然草原面积近60亿亩，人均占有草原资源4.3亩，为世界人均水平的一半。其中，西部12省（区、市）的草原面积占全国草原面积的84.2%，内蒙古、新疆、西藏、青海、甘肃和四川六大牧区省份的草原面积约占全国草原面积的3/4。2015年，全国天然草原鲜草产量10.3亿吨、干草产量3.2亿吨、理论载畜量2.5亿羊单位。

全国流域面积50平方公里及以上的河流45203条，常年水面面积1平方公里及以上的湖泊2865个，全国多年平均水资源总量28412亿立方米，其中地表水资源量27388亿立方米、地下水资源量8218亿立方米（地表水资源量和地下水资源量重复计算量7194亿立方米），人均水资源量约2100立方米，仅为世界人均水平的28%，耕地亩均占有水资源量约为1400立方米，约为世界平均水平的1/2。水资源时空分布不均衡，与经济社会发展布局不相匹配，降水60—80%主要集中在汛期，南方地区水资源量占全国的81%，北方地区仅占19%。2014年，全国水资源一级区河流水质达到Ⅲ类以上的河段长度占总评价河长的比重为72.8%，部分河湖存在富营养化状况。

（二）耕地草原河湖资源利用与保护情况

当前，我国农作物播种面积稳定在24.5亿亩左右，单产水平不断提高，国内粮食产量超过6亿吨，棉花、油料、糖料有效供给基本保障；肉类总产量超过8500万吨，其中牛羊肉产量达到1100多万吨；水产品产量接近7000万吨；全国年用水总量

6000 多亿立方米，其中农业用水 3800 多亿立方米，在人均耕地草原较少、水资源短缺的情况下，实现了主要农产品的供求平衡，满足了生存和发展的需要。同时，耕地草原河湖作为重要的生态系统，在水土保持、防风固沙、洪水调蓄、水源涵养与固碳等方面发挥了重要的生态功能，保证了生物多样性，维护了国家生态安全。

党中央、国务院历来高度重视耕地草原河湖资源保护与生态建设。改革开放以来，各级政府不断完善法律法规、加强监管防控、取得了一定的成效。在严守耕地红线的基础上，不断改善耕地质量，农业综合生产能力稳步提高，2004 年以来，粮食产量实现"十二连增"；划定基本草原 34.1 亿亩，累计治理"三化"（沙化、退化、盐渍化）草原 16.5 亿亩，禁牧休牧面积 15.3 亿亩，落实草畜平衡面积 25.6 亿亩，草原生态系统加速退化趋势有所抑制；实行最严格水资源管理制度，全面推进节水型社会建设，强化河湖管理，在生态脆弱流域实施水资源合理调配、水土保持、生态修复、人工增雨等综合治理措施，部分河湖和湿地生态系统得到保护和恢复。新世纪以来，我国耕地质量稳步提升，草原、河湖生态功能有所改善。

（三）耕地草原河湖资源利用与保护中存在的主要问题

尽管我国在耕地草原河湖资源保护方面取得了一定的成效，但也应清醒地看到，由于生产者资源保育意识不强、片面追求产量产值、重利用轻养护，相关法律法规缺乏配套的实施细则、执行不严，对资源过度开发利用的有效管理和约束不够、重生产轻生态，再加上全社会的生态保护观念偏弱、资源休养生息的客观条件还不充分、保护与修复治理的制度体系尚未系统建立等原因，长期累积性的过度开发与利用，导致资源承载力降低、可持续发展能力减弱，在经济快速增长、农业连续增产的同时，也付出了巨大的环境代价。

我国部分地区耕地基础地力下降明显，质量状况堪忧。城市建设与工业生产大量占用优质耕地，由于耕地后备资源不足，"占优补优"难度大。东北地区农业生产强度大，黑土层厚度已由开垦初期的 80—100 厘米下降到 20—30 厘米，部分地区耕地土壤有机质平均含量由原来的 3—6% 减少到现在的 2—3%；华北平原耕层厚度低于适宜耕种厚度 3—7 厘米；西北 5 省区盐碱耕地面积超过 4000 万亩，一半以上属中重度。部分地区土壤污染问题严重，耕地土壤点位超标率 19.4%，耕地重金属污染问题加剧。部分生态脆弱区过度开垦，水土流失较为严重，农业生产不可持续。草原生态环境依然脆弱，草畜平衡状况欠佳。北方干旱半干旱草原区气候干旱少雨，且降水分布不均，冷季寒冷漫长、暖季干燥炎热，蒸发量大；青藏高寒草原区海拔高，气候寒冷，无霜期短，土层薄，一旦破坏，恢复十分困难。上世纪 50 年代以来累计违法开垦草原 3 亿亩，近一半撂荒后成为裸地、沙地；草原植被盖度、产草量与改革开放初期相比仍有很大差距；2015 年全国重点天然草原平均牲畜超载率为 13.5%，局部地区"人、草、畜"矛盾突出，超载率超过 50%。部分流域水资源开发利用过度，河湖萎缩，湿地面积减少，水体污染加剧，水生生物生存环境恶化；北方一些地区水资源开发利用程度接近或超出资源承载能力，平原地区年均地下水超采 170 亿立方米，部分区域生物多样性保护功能下降。

总体上看，我国耕地草原河湖生态环境脆弱，生态系统质量和服务功能较低。农业生产与开发导致的水土流失、土地沙化、石漠化等问题仍然严重；草原治理区生态虽有好转，但整体恶化的趋势仍未从根本上得到改变；河湖污染加剧、生态退化的态势仍在继续，部分地区水资源过度开发的问题仍未得到有效解决。守住耕地数量红线、保护草原河湖资源、改善河湖水质、逐步提高生态系统质量的压力仍然巨大。

（四）有序实现耕地草原河湖休养生息的重要意义

人类对耕地草原河湖等自然资源的开发利用，既要满足当前的需要，也应兼顾长远发展。有序实现耕地草原河湖休养生息，就是要在节约集约利用的基础上，合理降低开发利用强度，保护并有效恢复生态空间，改善生态环境，更好地发挥生态服务功能，提高资源对经济社会发展的保障能力，实现资源永续利用和可持续发展。"十三五"及今后一段时期，我国仍处于发展的重要战略机遇期，同时也是资源环境约束力加剧的矛盾凸显期。"五位一体"总体布局和"四个全面"战略布局对耕地草原河湖资源提出了更高、更全面的要求，只有实现耕地草原河湖休养生息，才能有效恢复自然生态系统和生态空间，更好地发挥资源的生态服务功能，为建设生态文明创造条件；才能提高农产品质量，实现资源永续利用，保障国家粮食安全；才能构建稳定的生态系统，维护国家生态安全。抓住现阶段国内外市场大宗农产品供给宽裕的有利时机，通过休养生息，恢复自然生态和资源承载力，改善生态环境，稳定和提升耕地草原河湖资源数量与质量，促进经济社会和农业可持续发展，保障绿色优质农产品供给，是尊重自然、顺应自然、保护自然的具体体现，是保障国家粮食安全和生态安全的重要途径，是推进生态文明建设的必然选择，是全面建成小康社会的客观需求。

二、总体要求

（一）指导思想

全面贯彻落实党的十八大和十八届三中、四中、五中全会精神，深入贯彻习近平总书记系列重要讲话精神，按照"五位一体"总体布局和"四个全面"战略布局，牢固树立创新、协调、绿色、开放、共享的发展理念，认真落实党中央、国务院决策部署，以保障国家粮食安全、生态安全、资源安全为前提，坚持节约资源和保护环境、十分珍惜合理利用土地和切实保护耕地的基本国策，坚持节约优先、保护优先、自然恢复为主的方针，正确处理人与自然的关系，统筹兼顾生产、生活和生态，以控制耕地草原河湖开发规模、降低利用强度、恢复生态功能为主线，加快转变农业发展方式和资源利用方式，加大农业资源和生态环境的保护与修复力度，落实资源管控措施，构建耕地草原河湖休养生息的长效机制，推动实现资源永续利用，为经济社会持续健康稳定发展和实现中华民族伟大复兴的中国梦提供资源保障。

（二）基本原则

——顺应自然、系统保护。按自然规律办事，把生态环境保护放在突出位置，通过最严格的管控，减少人为扰动，增强耕地草原河湖的自然循环恢复能力。将山水林田湖作为一个生命共同体，统筹考虑耕地草原河湖的生态功能和相互联系，予以全面保护。

——用养结合、综合治理。强化生产者责任，在资源利用过程中更加注重资源养护，全面节约和高效利用资源，树立节约集约循环利用的资源观，综合运用经济、法律及必要的行政手段，合理降低资源开发强度。采取自然措施与人工措施相结合、生物措施与工程措施相结合的治理路径，努力提高资源质量和保障能力。

——因地制宜、有序推进。加强顶层设计，统筹规划，科学确定保护措施和休养生息模式，分区分类施策。突出重点地区、重点问题和重点环节，把握好节奏和力度，在试点示范、积累经验的基础上，积极稳妥全面推进。

——改革创新、完善机制。不断深化改革，充分发挥市场配置资源的决定性作用和更好地发挥政府作用，调动各方积极性，形成全社会合力参与耕地草原河湖资源保护的格局。完善法律法规，依法管控，依法治理，强化制度建设，确保各项管护治理措施可落地、政策有实效，形成保障耕地草原河湖休养生息的长效机制。

（三）主要目标

到 2020 年，确保耕地草原数量，有效恢复河湖生态空间，稳定湿地面积，稳步提高耕地质量，耕地草原河湖生态功能初步改善，资源保障能力不断增强；农业生态环境恶化的趋势总体得到遏制，生态严重退化地区的环境得到改善，基本建立资源有效保护和高效利用的政策与技术支撑体系，改变资源开发强度过大、利用方式粗放的状况。到 2030 年，耕地草原河湖资源利用与养护全面步入良性循环，生态系统健康稳定，建立完善的资源休养生息制度体系，基本形成农产品供给保障有力、资源利用高效、产地环境良好、生态系统稳定、田园风光优美的农业可持续发展新格局，实现人与自然和谐共生。

——耕地。到 2020 年，严守 18.65 亿亩耕地红线，耕地土壤环境安全得到基本保障。全国耕地质量平均提高 0.5 个等级（别），其中新建成的高标准农田耕地质量平均提高 1 个等级（别）以上；耕地土壤有机质含量有所增加，耕作层厚度平均达到 25 厘米以上；化肥、农药使用量实现零增长，环境风险得到基本管控；试点休耕的地下水漏斗区、重金属污染区、生态严重退化地区的生态和农产品质量安全问题得到初步解决，试点地区轮作面积达到 500 万亩；完成 25 度以上陡坡耕地、严重沙化耕地、重要水源地 15—25 度坡耕地和严重污染耕地退耕还林还草任务。

到 2030 年，全国平均耕地质量较 2015 年提高 1.0 个等级（别），耕地质量状况得到明显改善，不宜耕作土地全部完成退耕任务，建立合理的轮作体系和休耕制度，耕地利用高效、质量稳定、环境安全的总体格局基本形成。

——草原。到 2020 年，全国天然草原鲜草总产草量达到 10.5 亿吨，草原综合植被盖度达到 56%，重点天然草原超载率小于 10%，草原超载过牧情况和退化趋势得到遏制，草原生态环境得到改善，草原生态系统自我修复能力增强；初步建立以基本草原保护、承包经营、禁牧休牧、划区轮牧、草原生态补助奖励机制、草原监测评价考核等为主要内容的草原休养生息保障制度。

到 2030 年，全国草原综合植被盖度达到 60%，重点天然草原超载率小于 8%，基本实现草畜平衡，草原生态功能显著增强，形成完善的草原休养生息制度和草原保护体系。

——河湖。到 2020 年，全国用水总量控制在 6700 亿立方米以内，农田灌溉水有效利用系数提高到 0.55 以上，大型灌区和重点中型灌区农业灌溉用水计量率达到 70% 以上；河湖生态环境水量有所增加，生态基流基本得以保障；排污口排污总量减少，全国地表水质量达到或好于Ⅲ类水体比例超过 70%，全国江河湖泊水功能区的水质有明显改善，重要江河湖泊水功能区水质达标率达到 80% 以上；河湖水域岸线空间用途管制制度基本建立，河湖生态空间得到有效保护，河湖水域面积不减少；地下水超采得到严格控制，严重超采区超采量得到有效退减；水生生物资源逐步恢复；初步建立河湖休养生息保障制度。

到 2030 年，全国用水总量控制在 7000 亿立方米以内，河湖生态环境用水需求基本保障，河湖生态空间得到有效恢复；水环境质量全面改善，全国地表水质量达到或好于Ⅲ类水体比例超过 75%，重要江河湖泊水功能区水质达标率提高到 95% 以上；地下水基本实现采补平衡；水生生物多样性逐步稳定；河湖休养生息制度体系全面建立，河湖资源实现可持续利用。

专栏1　耕地草原河湖资源现状与休养生息目标

| 指　标 | 2015 年 | 2020 年目标 | 2030 年目标 |
|---|---|---|---|
| 耕地保有量（亿亩） | 18.65 | 18.65 | — |
| 耕地土壤有机质含量（%） | 2.08 | 2.2 | 2.4 |
| 全国耕地质量平均等级（别） | 5.1[①]<br>9.97 | +0.5 | +1.0 |
| 天然草原面积（亿亩） | 58.9 | 58.9 | 58.9 |
| 草原综合植被盖度（%） | 54 | 56 | 60 |
| 重点天然草原超载率（%） | 13.5 | <10 | <8 |
| 用水总量控制（亿立方米） | 6350 | ≤6700 | ≤7000 |
| 常年水面面积 1 平方公里以上的湖泊面积（km²） | 78007 | ≥78000 | ≥78000 |
| 地表水质量达到或好于Ⅲ类水体比例（%） | 66 | >70 | >75 |
| 重要江河湖泊水功能区水质达标率（%） | 68 | >80 | >95 |
| 湿地面积（亿亩） | 8.04 | ≥8 | ≥8 |

①2014 年，农业部 10 等级耕地质量评价结果；

②2014 年，国土资源部 15 等别耕地质量评价结果。

三、耕地休养生息

因地制宜，采取"养"、"退"、"休"、"轮"、"控"综合措施，试点先行，探索耕地保护与利用协调发展之路，稳步实现从片面追求产出向"用养结合、永续利用"转变，实现"藏粮于地"、"藏粮于技"，夯实国家粮食安全基础。规划实施前五年，主要在重点和试点区域实施；后十年，在全面评估前期工作的基础上，积极稳妥全面推进。

（一）主要任务

1. 耕地养护

以保障国家粮食安全、农产品质量安全和农业生态安全为目标，坚持保护优先、建设为重，在落实最严格耕地保护制度、加强高标准农田建设的同时，对全国耕地进行全面养护。依靠科技进步，加大资金投入，推进工程、农艺、农机措施相结合，依托新型经营主体和社会化服务组织，构建耕地质量保护与提升长效机制。"十三五"期间，主要针对耕地土壤酸化、盐渍化、养分失衡、耕层变浅、重金属污染、残膜污染等突出问题开展耕地修复和养护，使耕地土壤质量状况得到阶段性改善，土壤生物群系逐步恢复。到2020年确保建成8亿亩、力争建成10亿亩集中连片、旱涝保收、稳产高产、生态友好的高标准农田。到2030年，全国耕地质量状况实现总体改善，对粮食生产和农业可持续发展的支撑能力明显提高。根据我国主要土壤类型、耕地质量现状和粮食等主要农作物分布特点，划分为东北黑土区、华北及黄淮平原潮土区、长江中下游平原水稻土区、南方丘陵岗地红黄壤区、西北灌溉及黄土型旱作农业区等5大区域，因地制宜开展耕地质量建设。

在东北黑土区，改变种植方式，防治水土流失；增施有机肥，秸秆还田，推广保护性耕作、深耕（松）和水肥一体化技术；推行粮豆轮作、粮草（饲）轮作和种养循环模式，完善农田防护林网。在华北及黄淮平原潮土区，实施夏免耕、秋深耕（松）、秸秆还田、增施有机肥，完善农田防护林网；在地下水超采区改种低耗水作物，改地面漫灌为喷（滴）灌及水肥一体化等高效节水技术模式。在长江中下游平原水稻土区，实施综合治酸、排水治潜、调酸控污灌溉等措施，推广生态立体种养模式。在南方丘陵岗地红黄壤区，完善田间排灌设施，促进土壤脱水增温、农田降渍排毒；施用石灰和土壤调理剂调酸控酸；增施有机肥，秸秆还田，种植绿肥，改善土壤理化性状；在山区聚土改土加厚土层，修建水池水窖，种植地埂生物篱，推行等高种植，提高保水保肥能力。在西北灌溉农区，实施"灌水压盐"、滴灌节水、秸秆培肥、残膜回收利用，完善农田防护林网；在黄土型旱作区，实施坡耕地梯田化，修建集雨蓄水窖，种植等高草带，推广玉米秸秆整秆覆盖还田、全膜双垄集雨沟播技术。

**专栏 2　因地制宜开展耕地养护**

| 分区 | 区域范围 | 主要任务与技术路线 |
|---|---|---|
| 东北黑土区 | 黑龙江、吉林、辽宁、内蒙古东部 | "三改一排"，改顺坡种植为机械起垄横向种植、改长坡种植为短坡种植、改自然漫流为筑沟导流，并在低洼易涝区修建条田化排水、截水排涝设施；"三建一还"，建有机肥工厂、生产车间、小型堆沤池（场），收集处理畜禽养殖废弃物，开展秸秆粉碎翻压还田或保护性耕作作业；推广深耕（松）和水肥一体化技术，推行粮豆轮作、粮草（饲）轮作。 |
| 华北及黄淮平原潮土区 | 北京、天津、河北中南部、河南、山东、江苏北部、安徽北部 | "两茬还田"，将小麦秸秆粉碎覆盖还田、玉米秸秆粉碎翻压还田，夏免耕、秋深耕；"两改一增"，在地下水超采区改种低耗水作物，改地面漫灌为喷（滴）灌及水肥一体化等高效节水技术，增施有机肥。 |

| 分区 | 区域范围 | 主要任务与技术路线 |
|---|---|---|
| 长江中下游平原水稻土区 | 浙江、上海、江苏中南部、安徽中南部、湖北、江西和湖南部分地区 | "两治一控"，施用石灰和土壤调理剂改良酸化土壤、钝化重金属活性，增施有机肥、秸秆还田、种植绿肥，完善排水设施。 |
| 南方丘陵岗地红黄壤区 | 福建、广东、海南、重庆、四川、贵州；湖南、江西、广西、云南4省区大部 | 通过半旱式栽培、完善田间排灌设施等措施促进土壤脱水增温、农田降渍排毒；通过施用石灰和土壤调理剂调酸控酸；通过增施有机肥、秸秆还田和种植绿肥，开展水田养护耕作，改善土壤理化性状。在山区聚土改土加厚土层，修建水池水窖，种植地埂生物篱，推行等高种植，提高保水保肥能力。 |
| 西北灌溉及黄土型旱作区 | 新疆、宁夏、甘肃大部、山西、陕西中北部、内蒙古中西部、河北北部、青海部分地区 | 在灌溉农区完善排水系统，推广膜下滴灌等技术，开展秸秆堆沤和机械粉碎还田，使用0.01毫米以上农膜，加大回收力度；在黄土型旱作区实施坡耕地梯田化，修建集雨蓄水窖，种植等高草带，推广玉米秸秆整秆覆盖还田、全膜双垄集雨沟播技术。 |

## 2. 退耕还林还草

将全国水土流失严重的坡耕地、严重沙化耕地和严重污染耕地适时退出耕种，形成新的生态空间。统筹考虑生态建设和耕地保护的需要，扩大新一轮退耕还林还草规模，把生态承受力弱、不适宜耕种的地退下来，种上树和草，从源头上防治水土流失，减少自然灾害、固碳增汇，改善生态环境。将全国具备条件的 25 度以上坡耕地、严重沙化耕地、部分重要水源地 15—25 度坡耕地退耕还林还草，并在充分调查和尊重农民意愿的前提下，提出陡坡耕地梯田、重要水源地 15—25 度坡耕地、严重污染耕地退耕还林还草需求。"十三五"期间，完成新一轮退耕还林还草任务，使退耕区的生态环境得到明显改善。到 2030 年，全国不宜耕作土地全部退出耕种。

3. 休耕

以保证国家粮食安全和不影响农民收入为前提，对土壤污染严重、区域生态功能退化、可利用水资源不足等不宜连续耕种的农田实行定期休耕。发挥市场机制作用，通过改革完善农产品价格、收储等政策，引导农业经营者降低耕地利用强度。休耕不能减少耕地、搞非农化、削弱农业综合生产能力，确保急用之时粮食能够产得出、供得上。"十三五"期间，率先在地下水漏斗区、重金属污染区和生态严重退化地区开展休耕试点，根据农业结构调整要求、国家财力和粮食供求状况，适时研究调整试点规模。到 2030 年，在确保重要农产品供需平衡的前提下，逐步建立合理的休耕制度，有效治理受污染耕地，促进耕地地力恢复和生态环境改善。

在地下水漏斗区开展休耕或调整种植结构，实行"一季休耕、一季雨养"，减少地下水用量。"十三五"期间，在严重干旱缺水的河北省黑龙港地下水漏斗区开展试点，将需抽水灌溉的冬小麦休耕，只种植雨热同季的春玉米、马铃薯和耐旱耐瘠薄的杂粮杂豆。

在耕地重金属污染区，以调查评价为基础，对可以确定污染责任主体的，由污染者履行修复治理义务，提供修复资金和休耕补助；对无法确定污染责任主体的，由地方政府组织开展污染治理修复。"十三五"期间，在湖南省长株潭重金属超标的重度污染区开展试点，在建立防护隔离带、阻控污染源的同时，采取施用石灰、翻耕、种植绿肥等农艺措施以及生物移除、土壤重金属钝化等措施，修复治理污染耕地。连续多年实施休耕，休耕期间优先种植生物量高、吸收积累作用强的植物，不改变耕地性质。经检验达标前，禁止种植食用农产品。

在生态严重退化地区，包括东北西部、华北北部、西北局部的风沙干旱区和西南石漠化地区，实行休耕或调整种植结构，改种防风固沙、涵养水分、保护耕作层的植物，同时减少农事活动，促进生态环境改善。"十三五"期间，在西南石漠化区，选择 25 度以下坡耕地和瘠薄地的两季作物区，连续休耕 3 年；在西北生态严重退化地区，选择干旱缺水、土壤沙化、盐渍化严重的一季作物区，连续休耕 3 年。

专栏3　在重点地区开展休耕试点

| 分区 | 区域范围 | 主要任务与技术路线 | 试点目标 |
|---|---|---|---|
| 地下水漏斗区 | 河北黑龙港地区 | 实行季节性休耕，即"一季休耕、一季雨养"，将需抽水灌溉的冬小麦休耕，只种植雨热同季的春玉米、马铃薯和耐旱耐瘠薄的杂粮杂豆，减少使用地下水。 | 100 万亩 |

续表

| 分区 | 区域范围 | 主要任务与技术路线 | 试点目标 |
|---|---|---|---|
| 耕地重金属污染区 | 湖南长株潭地区 | 在建立防护隔离带、阻控污染源的同时，采取施用石灰、翻耕、种植绿肥等农艺措施以及生物移除、土壤重金属钝化等措施，修复治理污染耕地。连续多年实施休耕，休耕期间，优先种植生物量高、吸收积累作用强的植物，不改变耕地性质。经检验达标前，禁止种植食用农产品。 | 10万亩 |
| 生态严重退化地区 | 西南石漠化区（贵州、云南）、西北生态严重退化地区（甘肃） | 实行连续休耕，休耕期间种植防风固沙、涵养水分、保护耕作层的植物，减少农事活动，改善生态环境。 | 6万亩 |

4. 轮作

逐步建立与生产发展相协调、与资源禀赋相匹配、与市场需求相适应的粮豆轮作、粮经轮作、粮饲轮作等耕地轮作制度，因地制宜调整种植结构。"十三五"期间，率先在东北冷凉区、北方农牧交错区等地开展轮作试点。推广"一主四辅"种植模式。"一主"：实行玉米与大豆轮作，发挥大豆根瘤固氮养地作用，提高土壤肥力，增加优质食用大豆供给。"四辅"：实行玉米与马铃薯等薯类轮作，改变重迎茬，减轻土传病虫害，改善土壤物理和养分结构；实行籽粒玉米与青贮玉米、苜蓿、草木樨、黑麦草、饲用油菜等饲草作物轮作，以养带种、以种促养，满足草食畜牧业发展需要；实行玉米与谷子、高粱、燕麦、红小豆等耐旱耐瘠薄的杂粮杂豆轮作，减少灌溉用水，满足多元化消费需求；实行玉米与花生、向日葵、油用牡丹等油料作物轮作，增加食用植物油供给。"十三五"期间，在试点地区推行轮作模式 500 万亩。到 2030 年，逐步建立合理的耕地轮作体系，促进农业生产和耕地资源保护协调发展。

5. 污染防控治理

加强工业和生活源污染防控，减少和消除工业生产及城乡居民生活对耕地环境的影响。针对秸秆焚烧、畜禽粪污排放、水产养殖残留、农药化肥不合理施用、地膜残留等农业面源污染问题，以源头控制、过程削减、末端治理为基本思路，开展农业面源污染综合治理。实施到 2020 年化肥农药使用量零增长行动，推广化肥农药减施增效技术。加强畜禽养殖源和生活源污染治理，采取农田径流氮磷拦截积蓄净化再利用、种养一体化、养殖业废弃物循环利用和污染减排、农作物秸秆综合利用、农用地膜回收利用等综合措施，防止污染物直接进入农田和水体，有效减少农业面源污染对土壤、水质和环境的影响。

（二）政策措施

1. 实施耕地分类管理

按照质量水平和污染程度，将耕地划分为优先保护、安全利用、严格管控三类，分别采取相应的管理措施。将符合条件的优先保护类耕地划为永久基本农田，实行严格保护，确保其面积不减少、质量不下降。严格控制在优先保护类耕地集中区域新建有色金属冶炼、石油加工、化工、焦化、电镀、制革等行业企业，现有相关行业企业要加快提标升级改造步伐。根据土壤污染状况和农产品超标情况，安全利用类耕地集中的地区要结合当地主要作物品种和种植习惯，制定实施受污染耕地安全利用方案，采取农艺调控、替代种植等措施，降低农产品超标风险。加强对严格管控类耕地的用途管理，严禁种植食用农产品，制定环境风险管控方案，落实相关措施。

2. 建立耕地质量考核制度

完善政府耕地保护责任目标考核机制。按照耕地数量质量生态保护并重的要求，完善《省级政府耕地保护责任目标考核办法》，强化耕地质量考核和评价。加强耕地质量监测网络建设，按照国家技术标准，开展全国耕地质量等级调查评价与监测，设定耕地质量水平基期，定期公布监测结果，作为政府考核评价依据。有条件的地区探索建立耕地经营记录制度，合理施用化肥农药。探索在粮食生产功能区建立新型农业经营主体信用档案，在第三方评估的基础上，对经营期内造成耕地地力降低的，限制其享受有关支农政策。

3. 建立和完善耕地休养生息支持政策

完善耕地质量保护与提升补助政策，支持各类农业经营者因地制宜采取增施有机肥、保护性耕作、机械深耕（松）、秸秆还田、轮作等措施，积极开展土壤改良、地力培肥和治理修复等工作。落实中央退耕还林还草补助政策。中央财政对轮作休耕试点予以补助支持，补助资金分配到省，由省里按照试点任务统筹安排，因地制宜采取直接发放现金或折粮实物补助的方式，落实到县乡，兑现到农户。合理确定补助标准，轮作要保证农民种植收益不降低，休耕要与原有的种植收益相当、不影响农民收入。支持试点地区农民转移就业，拓展农业多种功能，延长农业产业链，开辟新的增收渠道，推动农村一二三产业融合发展。

### 4. 建立耕地休养生息保障约束机制

完善并严格落实耕地保护各项法律法规和制度，探索建立地方各级政府耕地保护目标责任制。强化耕地质量提升各项措施的监督考核，督促地方各级政府和农业经营主体依法保养耕地，防治农田荒漠化、盐渍化、水土流失和污染，合理使用化肥、农药，增施有机肥，提高地力；严格农业用水管理，以水定植；与耕地休养生息制度相适应，完善农业投入、农业补贴、粮食收储、农业保险等支农政策的适用对象和范围，引导农民科学安排种植。

### 5. 加快建立耕地污染防控治理体系

逐步构建防治并重、预防为主、政府主导、市场化运作的耕地土壤污染防控治理体系和长效机制。按照"谁污染谁担责"、"谁破坏谁修复"的要求，确定土壤环境重点监管企业名单，加强污染源监管，防止工业企业生产、矿产资源开发、工业废物处理处置等对耕地环境造成影响；开展农村环境综合治理，加快实施化肥农药使用量零增长行动，积极推广高效生态循环农业模式，建立健全农业废弃物无害化处理和资源化利用体系。探索政府购买服务、第三方治理等市场化治理新模式。建立治理工程与项目定期监测评估制度。

### 四、草原生态保护与恢复

以保障草原生态安全、实现草畜平衡和草原资源永续利用为目标，通过"禁"、"休"、"轮"、"种"等综合措施，加快建立以基本草原保护制度、草原承包经营制度、禁牧休牧划区轮牧制度、草畜平衡制度、草原监测评价考核制度为主体的草原休养生息制度体系，结合全国主体功能区规划，对不同区域、不同类型的草原因地制宜开展保护治理，恢复草原植被，减少人为扰动对草原的破坏，强化草原在区域生态建设中的重要作用，逐步形成各具特色的区域草牧业可持续发展格局。

（一）主要任务

1. 禁牧

对生态极为脆弱、退化严重、不宜放牧以及位于大江大河水源涵养区的草原实行禁牧，依据《休牧和禁牧技术规程》，对草原实行一年以上禁止放牧利用，加强草原围栏和棚圈建设，发展节水高效灌溉饲草基地，促进草原畜牧业由天然放牧向舍饲半舍饲转变，实现禁牧不禁养。到2020年，草原禁牧面积控制在4.8亿亩，其中，北方干旱半干旱草原区2.7亿亩、青藏高寒草原区1.95亿亩、南方草地区0.15亿亩。到2030年，建立科学规范的草原禁牧制度。

2. 休牧

根据草原资源状况和牧草生物特性，依据《休牧和禁牧技术规程》确定时限，采取季节性休牧的方式，减轻放牧对草原植被的影响。以核定天然草原产草量为基础，拓宽饲草料来源，增加优质人工饲草供给，以草定畜、草畜配套，推动农牧结合、优势互补，实现草畜间的动态平衡。到2020年，实现草原休牧面积19.44亿亩，其中，北方干旱半干旱草原区12.6亿亩、青藏高寒草原区 6.3 亿亩、南方草地区 0.54 亿亩。到 2030 年，建立稳定的草原休牧制度。

### 3. 划区轮牧

根据草原资源状况和牧草长势情况，通过围栏和饲草基地建设，科学地将草原放牧场划分为若干区，用养轮换，改善植物生存环境，促进草原植被生长和发育。到 2020 年，草原划区轮牧面积 4.2 亿亩，其中，北方干旱半干旱草原区 2.7 亿亩、青藏高寒草原区 1.2 亿亩、南方草地区 0.3 亿亩。到 2030 年，建立稳定的草原划区轮牧制度，全国天然草原利用方式以划区轮牧为主。

### 4. 人工种草

在水、热、地形等自然条件适宜的地区，建植人工草地，为养而种、草畜配套，确保草牧业可持续发展。严格限制抽取地下水灌溉建设人工草地。到 2020 年，人工种草保留面积达到 4.5 亿亩，其中，北方干旱半干旱草原区 1.95 亿亩、青藏高寒草原区 0.45 亿亩、东北华北湿润半湿润草原区 1.2 亿亩、南方草地区 0.9 亿亩。到 2030 年，实现牧区草食畜牧业发展与饲草供应、自然资源禀赋相匹配。

专栏4 "十三五"期间重点草原分区分类休养生息主要任务

| 分区 | 区域范围 | 到 2020 年任务目标（亿亩） | | | |
|---|---|---|---|---|---|
| | | 禁牧 | 休牧 | 划区轮牧 | 人工种草 |
| 北方干旱半干旱草原区（24 亿亩） | 涉及河北、山西、内蒙古、辽宁、吉林、黑龙江、陕西、甘肃、宁夏和新疆等 10 个省（区） | 2.7 | 12.6 | 2.7 | 1.95 |

| 分区 | 区域范围 | 到 2020 年任务目标（亿亩） | | | |
|---|---|---|---|---|---|
| | | 禁牧 | 休牧 | 划区轮牧 | 人工种草 |
| 青藏高寒草原区（20.9 亿亩） | 涉及西藏、青海全境及四川、甘肃和云南部分地区 | 1.95 | 6.3 | 1.2 | 0.45 |
| 东北华北湿润半湿润草原（3.4 亿亩） | 涉及河北、山西、辽宁、吉林、黑龙江和陕西等 6 省 | / | / | / | 1.2 |
| 南方草地区（8.6 亿亩） | 涉及安徽、江西、湖南、湖北、广东、广西、重庆、四川、贵州和云南等 10 省（市、区） | 0.15 | 0.54 | 0.3 | 0.9 |

（二）政策措施

1. 稳定和完善草原承包经营制度

坚持"稳定为主、长久不变"和"责权清晰、依法有序"的原则，依法赋予广大农牧民长期稳定的草原承包经营权，确立农牧民的经营主体地位，稳定现有草原承包关系，规范承包工作流程，完善草原承包合同，颁发草原权属证书，加强草原确权承包档案管理，健全草原承包纠纷调处机制，扎实稳妥推进承包确权登记试点，实现承包地块、面积、合同、证书"四到户"。

2. 健全基本草原保护制度

依法将重要放牧场，割草地，用于畜牧业生产的人工草地、退耕还草地以及改良草地、草种基地，对调节气候、涵养水源、保持水土、防风固沙具有特殊作用的草原，国家重点保护野生动植物生存环境的草原，草原科研、教学试验基地，应当划为基本草原的其他草原等七类草原划定为基本草原。实行基本草原用途管制等制度，加强监督检查，强化基本草原管理。坚持生产生态有机结合的方针，确保基本草原面积不减少、质量不下降、用途不改变。

3. 继续实行草畜平衡和禁牧、休牧、划区轮牧制度

国家继续对草原实行以草定畜、草畜平衡制度，各地定期核定草原载畜量，采取有效措施防止超载过牧，草原承包经营者要均衡利用草原，实行划区轮牧制度，对严重退化、沙化、盐渍化、石漠化的草原和生态脆弱区的草原实行禁牧、休牧制度。继续实施草原生态保护补助奖励政策，对纳入范围的草原实行禁牧补贴和草畜平衡奖励，加强草原围栏等基础设施的管护，推进草原畜牧业生产方式转型发展，加强农牧结合，形成牧区繁育、农区育肥的生产格局，实现牧区生态、牧业生产和牧民生活协调发展。

4. 建立草原监测评价考核制度

以草原定期监测评价结果为基础，建立草原资源与生态评价制度和草原资源环境承载能力预警机制，对领导干部实行自然资源资产离任审计、生态环境损害责任终身追究以及生态环境损害赔偿等制度。建立健全并严格执行草畜平衡激励约束制度，调动农牧民参与草原保护的积极性。加强人工草地等涉及草原保护与植被恢复建设项目的前期论证，严格限制抽取地下水灌溉的人工草地建设，避免造成新的草原生态损害。

五、河湖生态系统保护与修复

按照"节水优先、空间均衡、系统治理、两手发力"的新时期水利工作方针,以开发利用强度大、水环境恶化、生态脆弱的河湖为重点,通过"治"、"保"、"还"、"减"、"护"等综合措施,加快推进过载和污染河湖治理与修复,加大水源涵养保护力度,确保河湖水源安全;合理控制河流开发利用强度,切实保障河湖生态用水,保护和逐步恢复河湖合理生态空间,加强地下水超采区治理,保护和合理利用河湖水生生物资源;不断完善体制机制,建立健全河湖休养生息的长效机制。

(一)主要任务

1. 推进重点河湖治理与修复

对京津冀"六河五湖"、西北内陆河及其他地区水资源过度开发利用、生态过载的重点河湖,按照"一河(湖)一策"的原则,合理确定水土资源开发规模,优化调整产业结构,强化节水治污,利用再生水和适度引调水等措施,控荷减负、系统治理。到 2020 年,尽快把过载河湖的水资源消耗总量和强度降低到合理范围之内,修复和恢复流域健康生态系统;同时,严格落实《水污染防治行动计划》和《水质较好湖泊生态环境保护总体规划(2013—2020 年)》各项措施要求,尽快把污染严重的重点河湖水质提升到较高水平,水质较好湖泊生态环境稳定持续改善。到 2030 年,基本实现重点河湖水资源、水环境承载能力与区域经济社会发展相协调,全国河湖水污染情况得到全面遏制和改善。

**专栏5　实施重点治理与修复的河湖**

| | 范围 | 主要措施 |
|---|---|---|
| 河流 | 永定河、滦河、北运河、大清河、潮白河、南运河、第二松花江、西辽河、辽河干流、大凌河、淮河干流、泾河、渭河、汾河、黑河、塔里木河、石羊河、汉江、岷江、七星河、洪河、三江、挠力河、珠江三角洲河网等。 | 合理确定水土资源开发规模，优化调整产业结构，强化节水治污，利用再生水增加生态水源和适度引调水。 |
| 湖泊 | 白洋淀、衡水湖、七里海、南大港、北大港、洪泽湖、南四湖、乌梁素海、红碱淖、东居延海、青土湖、敦煌西湖、艾比湖、岱海、草海、艾丁湖、滇池、洱海、太湖、异龙湖、杞麓湖等。 | 科学核定湖泊保护范围，强化节水治污，优化产业结构，规范饮用水源地建设，构建流域健康生态系统，加强流域环境监测；在有条件的地区改善湖泊水利联系和水文水动力特征等。 |

### 2. 保障河湖生态用水

科学确定河湖生态流量，核定重要江河湖泊生态流量和生态水位，将生态用水纳入流域水资源配置和管理。合理调整缺水地区种植结构和布局，试行退地减水，在地表水过度开发问题较严重、且农业用水量比较大的地区，适当减少用水量较大的农作物种植面积，改种耐旱作物和经济林。以流域为单元，加强江河湖库水量和水质管理，合理安排重要断面下泄水量，维持河湖合理生态用水需求，重点保障枯水期生态基流，维持和改善水环境质量。"十三五"期间，对东北、华北、西北等地区的重要湖泊补充生态用水41.5亿立方米，其中东北地区14.2亿立方米、华北地区5.2亿立方米、西北地区13.7亿立方米、其他地区8.4亿立方米。到 2030 年，全面保障河湖生态环境用水需求。

### 3. 保护和合理退还河湖生态空间

依据《防洪法》、《河道管理条例》、《饮用水源保护区划分技术规范》，全面划定河湖和河湖型饮用水水源地的保护区管理范围，设立界桩，向社会公告，将河湖管理范围作为河湖生态空间保护的最小范围。加强对水源涵养区、蓄洪滞涝区、滨河滨湖带等水生态空间的保护，在保护区边界设立明确的地理界标和警示标志，强化入河湖排污口监管和整治，维护良好的水生态空间。划定河湖水域岸线功能区，严格空间用途管制，因势利导改造渠化河道，重塑健康自然的弯曲河岸线，营造自然深潭浅滩和泛洪漫滩，为生物提供多样性生存环境。在水资源条件具备的地区，以自然河湖水系、调蓄工程和引排工程为依托，在不造成新的水生态环境影响、保障水生态安全的前提下，因地制宜实现河湖水系的自然连通，逐步减少人为工程阻隔对水质和水生生物造成的影响，促进水生态保护。科学划定禁采区、禁采期，同时在超警戒水位和低于罕见枯水位时进行临时禁采，开展打击河道非法采砂专项行动，稳定河势，确保河道行洪安全，保护水生生物，维护河湖生态安全。积极推进退田还湖、退养还滩、退耕还湿，归还被挤占的河湖生态空间，逐步减少"人水争地"的现象，构建健康的河湖生态系统。"十三五"期间，完成全国主要河湖管理范围划定和水域岸线功能分区，有效建立河湖水域岸线用途管制制度，保证河湖水域面积不萎缩，数量不减少，河湖生态空间得到有效保护；在松嫩平原、三江平原、长江经济带、黄河河套平原、京津冀等区域内的国际重要湿地、湿地自然保护区、国家湿地公园实施退耕还湿 150 万亩。到 2030 年，完成全国流域面积 50 平方公里及以上河流、常年水面面积 1 平方公里及以上湖泊管理范围划定，完善河湖水域岸线用途管制制度，基本保障现有湿地面积不萎缩，河湖生态空间得到全面保护和有效恢复。

4. 开展地下水超采区治理

各省（自治区、直辖市）人民政府尽快核定并公布地下水禁采和限采范围，严格地下水年度用水计划管理，实施地下水开采总量和水位双控制。对地下水超采问题较严重的京津冀、山东、河南、甘肃、新疆等地区，开展地下水超采区治理与修复，通过调整种植结构、休耕、水源置换、节水等综合措施，压减地下水超采量，逐步实现地下水采补平衡。加强地下水保护与涵养，提高地下水战略储备能力。地下水易受污染的地区优先种植需肥需药量低、环境效益突出的作物。到 2020 年，南水北调东中线一期工程受水区压减地下水开采量 22 亿立方米。到 2030 年，全国基本实现地下水采补平衡。

5. 保护和合理利用河湖水生生物资源

控制渔业养殖强度，落实休渔禁渔期制度，开展增殖放流，对于重点河湖，引导建立人放天养的生态养殖模式。科学合理调整淡水养殖空间，加强养殖基础设施建设，推广应用健康养殖标准和生态养殖模式，控制和降低天然水体养殖规模，进一步减少江河湖泊网箱养殖，减轻水体污染。维护水生生物多样性。加强水生生物自然保护区和水产种质资源保护区建设，探索建立基本养殖水域保护措施，推进水生生物类自然保护区规范化建设。加强对河湖湿地范围内野生动植物的保护。开展珍稀特有物种保护，以就地保护为主，采用迁地保护、人工繁育、遗传基因等措施，实施中华鲟、江豚、史氏鲟、达氏鳇等珍稀特有物种保护工程。

（二）政策措施

1. 建立河湖水生态状况评价预警与管控机制

建立健全河湖生态健康调查与评价标准体系，开展水生态空间基础信息调查评价和重要水生态空间承载能力评价，科学评估河湖和地下水水资源承载能力，适时公布相关信息。建立水生态状况预警与管控机制，对全国河湖和地下水生态变化趋势、保护现状及存在问题进行评估，根据综合评估情况采取管控措施，降低风险。

2. 全面落实最严格的水资源管理制度

强化水资源管理"三条红线"刚性约束，严格河湖水资源开发总量控制和纳污总量限制指标，调整优化河湖生态空间开发格局，不断提高用水效率和效益。对取用水总量接近、达到或超过控制指标的地区，限制或暂停审批建设项目新增取水。对排污量超出水功能区限排总量的地区，限制审批新增取水和入河湖排污口。积极推进水资源使用权确权登记，培育水权交易市场，鼓励和引导区域、流域、行业及用水户间开展水权交易，探索多种形式的水权流转方式。

3. 建立河湖岸线利用保护和监管机制

落实河湖水域岸线用途管制制度，明确河湖利用和保护要求，严格限制建设项目占用河湖水域和自然岸线，非法挤占的应限期退出。开展河湖管理范围划定工作，积极开展退耕还湿、退养还滩，构建科学合理的自然岸线格局。加强岸线资源监测和监管，对涉河项目建设区域和热点敏感区域进行定期监测和预警。

4. 建立完善水生态补偿和损害赔偿制度

建立健全流域上下游、重要水源地、重要水生态修复治理区生态保护补偿机制，稳步推进退耕还湿试点，探索建立基于跨界断面水环境质量的生态补偿机制和湿地生态效益补偿制度。实行河湖生态损害赔偿制度，对违反法律法规的，依法处罚；对造成生态环境损害的，以损害程度等因素依法确定赔偿额度；对造成严重后果的，依法追究刑事责任。强化水利水电工程环境影响评价，对生态有较大影响和有不确定性风险的工程须组织深入论证、科学规划。全面开展排污权有偿使用和交易。

5. 健全绩效考核和责任追究制度

建立健全河湖、水土资源、生物资源及地下水资源保护和治理绩效评价考核机制。加强河湖与地下水生态保护修复责任目标落实情况的监督检查。探索编制水资源资产负债表，构建水土资源、水生物资源等的资产和负债核算方法。推行水资源和水生态环境损害责任终身追究制。

六、经济社会效益分析与环境影响评价

（一）经济社会效益分析

耕地草原河湖休养生息是固基础、保发展的重要举措。通过规划实施，可有效推进耕地草原河湖资源的节约利用与保护修复，实现生态环境改善和资源可持续利用，促进经济社会健康稳定发展。在严格资源管控、保障耕地草原河湖总量的基础上，通过耕地质量提升行动、高标准农田建设，不断提高农业资源的质量，有利于提升农业综合生产能力，保障国家粮食安全；加强污染防控治理，有利于提高农产品品质和饮用水水质，保障"舌尖上的安全"；同时，生态环境质量的改善，生活环境的美化，有利于促进社会和谐稳定。

（二）环境影响评价

耕地草原河湖休养生息的根本目的是促进生态环境的改善。通过规划实施，可有效遏制农业生态系统恶化的趋势，使耕地草原河湖生态环境得到保护和修复，进一步增强资源的生态服务功能，对改善生态环境和促进资源可持续利用具有积极的作用。实施污染治理、水土保持、生态保育等工程项目后，可大幅度削减农业生态系统有害物质，有效阻断各类污染源对水土资源的侵入途径，提高生态环境质量，保障国家生态安全；推行休耕退耕、禁牧休牧划区轮牧、保证合理生态水量、退田还湖还湿、地下水限采、渔业转产等休养生息措施，可降低资源开发利用强度，给生态系统留出自然修复空间，有效保护生态环境，促进动植物生长发育，实现可持续发展。耕地草原河湖休养生息又是一项复杂的系统性工程，工程实施的效果需要不断跟踪、评估，具体措施要适时优化调整。规划实施过程中，一些保护和治理工程也要采取综合性防范措施，科学治理，减轻对环境的不利影响。

七、保障措施

（一）加强组织领导，落实相关责任

地方各级政府要以高度的历史责任感和使命感，把耕地草原河湖休养生息作为落实生态文明建设要求的重要内容，提高对耕地草原河湖休养生息重要性、紧迫性的认识，依法明确政府、生产经营者保护耕地草原河湖生态环境的责任。各省（区、市）政府要按照本规划提出的目标任务，抓紧制定本地区耕地草原河湖休养生息规划或实施方案，确保各项任务落到实处。国务院各有关部门要强化协调配合，采取有力措施，共同推进规划实施。国家发展改革委要做好统筹协调，会同财政部、国土资源部、环境保护部、水利部、农业部、国家林业局加大资金投入和政策支持力度，各行业部门要按照职责分工，出台相关意见、标准或实施细则，加强技术指导和行业管理，落实好休养生息各项政策，相关部门要加强资源管控和环境监测评估，加大执法力度。

（二）加大宣传引导，增强保护意识

地方各级政府要认真组织相关法律法规宣传，通过互联网、传统媒体等平台积极开展耕地草原河湖生态环境基本状况和休养生息必要性的宣传教育，鼓励和引导公众更加爱护农业生态环境。开展各类公益活动，普及节水、节地、减排、低碳生产知识和技能。制定和完善鼓励公众参与耕地草原河湖生态保护的政策与机制，动员社会各方力量共同推进耕地草原河湖资源保护与修复治理。

（三）依靠科技进步，提高保护与治理水平

加大对耕地草原河湖资源保护与生态建设科技研发的支持，积极开展耕地草原河湖生态系统演变等重大问题和生态修复领域关键、集成技术研究，推进产学研相结合的创新队伍建设和服务平台建设，积极推广先进技术，加快生态保护与建设科技成果转化。修订生态保护与修复治理技术规程，增强耕地草原河湖休养生息的科学性和规范性。加强国际交流，引进和推广国外先进技术。

（四）强化制度建设，建立长效机制

加快构建中央指导、地方组织、各类经营主体及管护单位承担具体责任的全面运行机制和政府、企业、社会共同参与的多元化投入机制，统筹推动规划实施。建立覆盖全面、科学规范、管理严格的资源总量控制和全面节约制度，完善耕地保护补偿和生态保护补偿机制，加大政府购买服务力度，推进第三方治理，逐步实现有偿服务。通过政策引导、以奖代补等形式吸引社会资本投入，调动社会化服务组织和专业化企业等社会力量参与，借鉴国外有益经验，探索建立保护与修复的长效机制。

（五）健全法律法规，强化监督管理

建立健全耕地草原河湖资源保护与修复治理法制体系。推动《草原法》、《水法》、《河道管理条例》、《退耕还林条例》等法律法规修订工作，加快出台《肥料管理条例》、《基本草原保护条例》、《湿地保护条例》、《节约用水条例》和《地下水管理条例》，支持地方开展相关立法工作。相关专项规划应依法开展规划环境影响评价，充分发挥规划的生态环境正效益。加大耕地草原河湖资源管控等方面的执法监督力度，加强部门联动配合，严厉查处违法案件，坚决打击各类破坏农业生态的违法行为，使生态保护和建设纳入法制化轨道。进一步完善耕地、草原、河湖质量和生态环境状况评价指标体系及生态保护补偿标准，开展绩效考核试点。

（六）开展监测评价，保障规划实施

加强对耕地草原河湖资源禀赋与保护修复效果的监测评价，运用现场评估、遥感、地理信息、全球定位等技术，定期监测规划实施情况和资源保护修复进程。引入第三方机构，定期开展资源保育情况和生态环境评价，加强监测体系建设和技术规程制定，实现监测与评价的常态化和规范化，实行定期报告制度。开展规划中期评估。

# 全国草原火灾应急预案

农业部关于印发《全国草原火灾应急预案》的通知

农牧发〔2010〕12号

各省、自治区、直辖市和计划单列市人民政府办公厅
及农业、农机、畜牧、兽医、农垦、乡镇企业、渔业
厅（局、委、办），新疆生产建设兵团办公厅及畜牧兽
医局，部有关司局及直属单位：

根据新修订的《草原防火条例》和草原防火工作
实际需要，对《农业部草原火灾应急预案》进行了修
订，并更名为《全国草原火灾应急预案》，业经国务院
批准。现将《全国草原火灾应急预案》公布，自2010
年11月1日起施行。

二〇一〇年十一月一日

1 总则

1.1 编制目的

为了全面、迅速、有序地对草原火灾进行预防预警和应急
处置，有效控制和扑救草原火灾，保护人民生命财产和国家生
态安全，最大限度地减少草原火灾造成的损失，制定本预案。

1.2 编制依据

依据《中华人民共和国草原法》、《中华人民共和国突发事

件应对法》、《草原防火条例》、《国家突发公共事件总体应急预案》，制定本预案。

1.3 适用范围

本预案适用于中华人民共和国境内草原（天然草原和人工草地）火灾的预防和扑救。林区和城市市区除外。

1.4 工作原则

1.4.1 加强协调，分级负责

在国务院的统一领导下，实行属地管理，分级负责；地方各级人民政府应组织农牧、发改委、民委、公安、民政、财政、交通、卫生、林业、气象、通信等部门，协调当地驻军、武警等单位，在各自的职责范围内做好预防和扑救草原火灾的各项工作。

1.4.2 预防为主，快速反应

坚持预防与应急相结合，加强草原火情监测预报，建立健全反应灵敏、运转高效的应急管理机制，确保迅速、有效地预防和处置草原火灾。

1.4.3 以人为本，科学扑救

扑救草原火灾时，坚持以人为本，把保护人民生命安全放在首位，强化队伍培训，推广先进的草原火灾预防和扑救技术，努力减少人员伤亡和经济损失。

2 组织指挥体系及职责任务

2.1 国家应急组织机构与职责

国家应急组织机构由农业部草原防火指挥部（以下简称指挥部）及下设综合组、后勤保障组、督导组和专家咨询组组成。

2.1.1　指挥部人员组成及职责

人员组成：农业部主管草原工作的副部长任总指挥。由办公厅、人事劳动司、产业政策与法规司、发展计划司、财务司、国际合作司、科技教育司、农业机械化管理司、畜牧业司、兽医局、农垦局、农产品质量安全监管局、全国畜牧总站、机关服务局、信息中心、农业部草原防火指挥部办公室（农业部草原监理中心，以下简称指挥部办公室）负责人组成。

主要职责：批准启动或停止本预案；根据火情，及时向国务院报告；研究、协调、解决扑火救灾中的重大问题；根据受灾省（自治区、直辖市）草原防火主管部门的请求和扑火需要，协助指挥调动扑火急需的人员、物资和装备，指导、监督地方政府尽快扑灭草原火灾，组织协调跨省区草原防扑火联动工作；根据防火需要，协调解决重点草原防火区、受灾地区草原防火设施建设和抗灾救灾资金、物资；根据国务院领导的要求，协调外交部、国家发改委、国家民委、公安部、民政部、财政部、交通运输部、工业和信息化部、卫生部、国家林业局、中国气象局和武警森林指挥部，在各自的职责范围内负责做好扑救草原火灾的各项工作。

2.1.2　综合组人员组成及职责

人员组成：由办公厅、畜牧业司、指挥部办公室有关人员组成。

主要职责：进行火灾动态监测和信息分析，了解火场前线指挥部的扑火方案、扑火力量部署、火场地理信息和气象情况；根据火情，及时向指挥部总指挥报告，并传达有关领导的批示和指示精神；根据扑火需要和指挥部总指挥或副总指挥的决定，联系调动草原防火急需物资，组织协调跨省区草原防扑火联动工作；组织对火情和扑火救灾情况的新闻发布；负责文件收发、情况汇总和建档，起草总结报告。

### 2.1.3 督导组人员组成及职责

人员组成：由指挥部领导根据火情决定。

主要职责：深入火场一线，检查监督各地落实国务院和指挥部对扑火救灾的指示精神，协助和指导地方扑火前线指挥部开展扑火救灾工作。及时向指挥部反馈火场信息，协助解决地方政府在扑火工作中存在的实际困难。

### 2.1.4 后勤保障组人员组成及职责

人员组成：由发展计划司、财务司、畜牧业司、机关服务局、指挥部办公室、信息中心有关人员组成。

主要职责：协调落实救灾资金和物资；确保与受灾地区的信息传递畅通；为应急指挥系统做好后勤保障工作；研究解决受灾地区草原防火基础设施建设资金。

### 2.1.5 专家咨询组人员组成及职责

人员组成：由监测预警、气象服务、工程技术、灾害评估、扑火指导和综合应急方面的专家组成，建立草原防火专家信息库。

主要职责：对火场态势及火灾发展趋势进行科学分析和评估，为扑救工作提供技术咨询和现场指导。

### 2.2 地方应急组织机构与职责

地方各级人民政府应当根据本地草原防火工作实际，设立草原火灾应急组织机构，明确相关部门和当地驻军、武警部队等人员组成及职责任务。

### 2.3 组织体系框架描述

指挥部办公室：接到火情报告或国家卫星气象中心火点遥感监测信息，通知火点所在省（自治区、直辖市）草原防火主管部门进行核实；根据火情，向指挥部报告并申请启动相应等级响应；向省（自治区、直辖市）草原防火主管部门传达有关领导的指示。

指挥部：根据火情，由指挥部领导或部长签署启动相应等级响应程序；起草《农业部值班信息》报国务院；落实国务院领导的指示精神。

### 3 预警和预防机制

### 3.1 草原火情信息监测与报告

草原火情信息主要来源于卫星监测、单位和个人的报告。其中卫星监测信息由气象部门提供。

地方各级草原防火部门应当根据当地实际确定草原防火重点期，建立有效的值班监测和火情核查报告工作机制。

在全国草原防火重点期（春季 3 月 15 日—6 月 15 日、秋季 9 月 15 日—11 月 15 日），指挥部办公室设值班室，24 小时值班。值班室负责接收地方和相关部门火情报告和卫星监测的火点信息，及时通知火点所在省（自治区、直辖市）草原防火值班室迅速进行核实，及时反馈信息。值班室对反馈信息进行核实分析，必要时向指挥部办公室带班领导报告。

### 3.2 预警预防行动

农业部划定全国草原火险区。指挥部在进入草原防火期前做好各项应急准备，并组成督查组赴重点草原防火区进行检查指导，督促各地落实各项防火措施。

省（自治区、直辖市）可以根据本地的实际情况划定重点草原防火区。县级以上地方人民政府应当根据草原火灾发生规律，确定本行政区域的草原防火期，划定草原防火管制区，规定管制期限，建立草原防火责任制度。在跨行政区域的草原地区、草原和森林交错分布地区，要根据草原防火工作实际，开展区域联防和部门联防，确定联防区域，建立定期会商和紧急会商、火灾预防预警和联防措施、信息沟通和监督检查、扑火人员和物资支援、灾民安置和灾后恢复重建等联防联控机制。

县级以上人民政府草原防火主管部门应当与当地气象主管机构联合建立草原火险预报预警机制。气象主管机构应当根据草原防火的实际需要提供草原防火期的火险气候趋势预测，认真做好草原火险气象等级预报和发布工作；草原防火主管部门要依据气象部门提供的预报预警信息，采取相应措施，预防和减少草原火灾的发生。

### 3.3　预警支持系统

各级草原防火主管部门要建立和完善草原防火指挥信息系统，确保草原火情信息传递及反馈高效快捷。

### 4　应急响应

### 4.1　火灾响应级别

草原火灾应急响应分为四个级别：

### 4.1.1　I级

正在燃烧并符合下列条件之一的草原火灾：

（1）受害草原面积 8000 公顷以上的；

（2）造成死亡 10 人以上，或造成死亡和重伤合计 20 人以上的；

（3）直接经济损失 500 万元以上的；

（4）距重要军事目标和大型军工、危险化学品生产企业不足 1 公里的草原火灾；

（5）严重威胁或烧毁城镇、居民地、重要设施和原始森林的；

（6）需要国家支援扑救的。

4.1.2　Ⅱ级

正在燃烧并符合下列条件之一的草原火灾：

（1）受害草原面积 5000 公顷以上 8000 公顷以下的；

（2）造成死亡 3 人以上 10 人以下，或造成死亡和重伤合计 10 人以上 20 人以下的；

（3）直接经济损失 300 万元以上 500 万元以下的；

（4）威胁居民地、重要设施和原始森林，或位于省（自治区、直辖市）交界地区危险性较大的；

（5）超过 72 小时没有得到控制的；

（6）距我国界 5 公里以内的国外草原火延边境蔓延 200 公里以上或连续燃烧 72 小时以上，对我国草原构成较大威胁的。

4.1.3　Ⅲ级

正在燃烧并符合下列条件之一的草原火灾：

（1）受害草原面积 1000 公顷以上 5000 公顷以下的；

（2）造成死亡 3 人以下，或造成重伤 3 人以上 10 人以下的；

（3）直接经济损失 50 万元以上 300 万元以下的；

（4）超过 24 小时尚未扑灭的；

（5）位于省（区、市）交界地区具有一定危险性的；

（6）境外草原火距国界线 5 公里以外 10 公里以内且对我国草原构成一定威胁的。

### 4.1.4　Ⅳ级

正在燃烧并符合下列条件之一的草原火灾：

（1）受害草原面积 10 公顷以上 1000 公顷以下的；

（2）造成重伤 1 人以上 3 人以下的；

（3）直接经济损失 5000 元以上 50 万元以下的。

上述表述中，"以上"含本数，"以下"不含本数。

### 4.2　响应程序及等级

各级地方草原防火主管部门要制订和完善本级草原火灾应急预案，各级地方人民政府负责对Ⅰ、Ⅱ、Ⅲ、Ⅳ级草原火灾作出积极响应。

省（自治区、直辖市）草原防火主管部门对Ⅰ、Ⅱ、Ⅲ级草原火灾，及时报告农业部草原防火指挥部办公室。农业部根据草原火灾的级别启动不同的等级响应。

### 4.2.1　Ⅰ级响应

发生Ⅰ级草原火灾，及时向国务院报告。由指挥部办公室向指挥部领导提出处置建议，经指挥部总指挥或部长批准后，启动Ⅰ级响应程序。

（1）应急组织机构各组工作人员迅速到位；

（2）指挥部迅速对火情做出全面分析和评估，对扑火工作做出总体部署；

（3）派督导组赶赴火灾现场，指导地方做好扑火工作；

（4）根据火情及省（自治区、直辖市）草原防火主管部门的申请，由指挥部决定调用草原防火物资储备库物资。根据需要由指挥部办公室负责组织协调跨省区跨部门的草原防扑火联动工作；

（5）必要时建议国务院召集有关部门研究火灾扑救的紧急措施，调动扑火人员，调拨扑火经费和物资；

（6）与国家卫星气象中心等单位联系，做好火情监测；必要时建议由中国气象局提供扑火应急气象服务，组织实施人工增雨扑救草原火灾。

### 4.2.2 Ⅱ级响应

发生Ⅱ级草原火灾，及时向国务院报告。由指挥部办公室迅速对火情做出分析和评估，向指挥部领导提出处置建议，经指挥部领导批准启动Ⅱ级响应程序。

（1）根据指挥部领导指示，协助地方做好扑火工作；

（2）根据火情，派督导组赶赴火灾现场，指导地方做好扑火工作；

（3）根据火情及省（自治区、直辖市）草原防火主管部门的申请，由指挥部决定调用草原防火物资储备库物资。根据需要由指挥部办公室负责组织协调跨省区跨部门的草原防扑火联动工作；

（4）与国家卫星气象中心等单位联系，做好火情监测；必要时建议由中国气象局提供扑火应急气象服务，组织实施人工增雨扑救草原火灾。

### 4.2.3 Ⅲ级响应

发生Ⅲ级草原火灾，指挥部办公室自动启动Ⅲ级响应程序，并及时向指挥部领导报告。

（1）与国家卫星气象中心等单位联系，做好火情监测，掌握火情动态，及时将火情信息通报地方；

（2）与地方保持密切联系，了解火场前线扑火力量部署、火场地理信息、气象和扑火情况，指导地方做好扑火工作。根据需要由指挥部办公室负责组织协调跨省区跨部门的草原防扑火联动工作；

（3）传达落实有关领导的指示精神。

### 4.2.4　Ⅳ级响应

发生Ⅳ级草原火灾，指挥部办公室密切关注火情动态，掌握各级地方人民政府或草原防火主管部门作出响应情况。

### 4.3　信息报送和处理

信息报送内容包括：火灾发生的时间、地点（地名、经纬度）、估测过火面积（境外火离我国边境距离、沿边境蔓延长度以及对我国草原的威胁程度等情况）、火场地理状况、火场气象状况（温度、风力、风向）、扑救力量（人员、车辆、主要扑火设备数量）、火情发展趋势、火灾级别、人员伤亡情况、威胁居民地和重要设施情况。

信息报送时间：发生Ⅰ、Ⅱ、Ⅲ级草原火灾，县级草原防火主管部门应当立即逐级上报，2 小时内报告至农业部草原防火指挥部办公室，并连续报告扑救进展情况。农业部接到Ⅰ、Ⅱ级草原火灾报告后，起草《农业部值班信息》，2 小时内报告国务院。发生Ⅰ级草原火灾时，及时通报外交部、国家发展改革委、国家民委、公安部、民政部、财政部、交通运输部、工业和信息化部、卫生部、安全监管总局、国家林业局、中国气象局、武警森林指挥部。威胁林区的草原火灾，通报国家林业局；省（自治区、直辖市）边界附近的草原火灾，通报相关省（自治区、直辖市）草原防火主管部门；造成重大、特别重大人员伤亡的草原火灾，通报国家民委、卫生部和民政部；国界线附近的草原火灾，必要时通报外交部。

### 4.4 应急通信

指挥部办公室准确掌握各省（自治区、直辖市）草原防火主管部门的值班电话、主要负责人电话；掌握农业部及有关部门联系方式。

草原火灾应急预案启动后，利用公共网络、卫星电话等，实时获得草原火灾现场情况。督导组执行督导任务时，携带卫星电话，保持与指挥部信息畅通。

各级草原防火主管部门应当协调当地通信主管部门，根据草原防火的实际需要，派出移动应急通信车，提供必要的通讯服务，确保信息畅通。

### 4.5 前线指挥

草原火灾扑救的前线指挥部由地方人民政府组建，督导组根据指挥部领导的指示，协助指导前线指挥部进行扑火工作。

### 4.6 安全防护

火灾发生地人民政府负责组织动员受到草原火灾威胁的居民以及其他人员撤离到安全地带，并予以妥善安置。同时做好牲畜和财产转移、医疗救治、疾病控制等安全防护工作。

### 4.7 社会力量动员与参与

扑救草原火灾应当组织和动员专业扑火队和受过专业培训的群众扑火队；接到扑救命令的单位和个人，必须迅速赶赴指定地点，投入扑救工作。

扑救草原火灾，不得动员残疾人、孕妇、未成年人和老年人参加。

需要中国人民解放军和中国人民武装警察部队参加草原火灾扑救的，依照《军队参加抢险救灾条例》的有关规定执行。

4.8 新闻发布

新闻发布坚持实事求是、把握适度、及时全面的原则。Ⅰ级、Ⅱ级火灾响应和特别重大、重大草原火灾以及威胁到我国草原安全的境外草原火灾信息由农业部发布，必要时举行新闻发布会，并确定新闻发言人。其他草原火灾信息由省、自治区、直辖市人民政府草原防火主管部门发布。

4.9 应急响应结束

火灾被扑灭、人员撤离火场后，由省（自治区、直辖市）草原防火主管部门向农业部草原防火指挥部办公室报告。Ⅰ级草原火灾由指挥部总指挥或部长批准应急响应结束；Ⅱ级草原火灾由指挥部领导批准应急响应结束。

5 后期处置

5.1 调查评估

火灾调查、案件查处由当地草原防火主管部门会同公安等有关部门负责办理。Ⅰ、Ⅱ、Ⅲ级草原火灾应急响应结束后，由省（自治区、直辖市）草原防火主管部门进行总结，建立专门档案，及时报农业部草原防火指挥部办公室。

Ⅰ、Ⅱ级草原火灾应急响应结束后，指挥部办公室对应急响应进行全面总结，及时报指挥部领导。

5.2 善后处置

灾后重建、有关人员的补偿、受伤人员的救治、社会救济等善后工作依照《草原防火条例》等有关规定由地方人民政府负责。

## 6 应急保障

### 6.1 物资保障

县级以上地方人民政府草原防火主管部门根据各自行政区域的草原防火任务，建立相应的草原防火物资储备库（站），配备草原防火交通工具、灭火器械、观察和通信器材等必要的防火物资。农业部充分利用中央草原防火物资储备库，储备一定数量的防扑火物资，用于扑救Ⅰ、Ⅱ、Ⅲ级草原火灾的补给和各地草原防火物资储备库（站）消耗物资的补充。

### 6.2 资金保障

县级以上人民政府应当将草原防火所需经费纳入本级财政预算，保障草原火灾预防和扑救工作的顺利开展。

### 6.3 技术保障

建立完善草原防火综合管理系统和草原防火指挥信息系统，火场实况跟踪系统。联合气象部门建立和完善草原火灾遥感监测、草原火险预报预警系统，制定和完善草原火灾扑救技术规程。组建监测预警、工程技术、灾害评估、扑火指导和综合应急的草原防火专家组，建立专家信息库，为防扑火提供技术咨询和现场指导。

### 6.4 宣传、培训和演练

有计划地开展多种形式的草原防火宣传培训活动，增强全民草原防火意识，提高全民对草原火灾的预防、避险、自救、互救的能力。

加强对草原防火指挥人员、草原防火专职人员，以及草原防火专业、半专业扑火队伍和群众扑火队伍的培训，定期举行扑火实战演练，提高科学扑火能力。

7 附则

7.1 预案管理

本预案由农业部组织制订，并定期进行培训、演练和评估，根据草原防火形势变化和实施中出现的问题及草原防火工作实际需要及时进行修订，报国务院批准后组织实施。

各级地方草原防火主管部门根据《草原防火条例》和本预案的规定，负责制订本级草原火灾应急预案，并定期进行培训、演练和评估，根据草原防火形势变化和实施中出现的问题及草原防火工作实际需要及时进行修订，报本级人民政府批准后组织实施。

7.2 奖励与责任

对在草原火灾应急处置工作中有突出贡献或者成绩显著的单位、个人，给予表彰和奖励。对在扑救火灾中牺牲的人员，按照《革命烈士褒扬条例》的规定，由有关部门按照规定办理。对草原火灾应急处置工作中有失职、渎职行为的单位或工作人员，根据情节，由其所在单位或上级机关给予处分；构成犯罪的，依法追究刑事责任。

7.3 预案解释

7.3.1 本预案由农业部负责解释。

7.3.2 联系人：（略）

电话：（略）

7.4 预案生效时间

本预案自发布之日起实施。

8 附录

8.1 农业部草原火灾应急组织机构人员组成

8.1.1 指挥部人员组成

总指挥：农业部主管草原工作的副部长

副总指挥：办公厅主任

国家首席兽医师

畜牧业司司长

秘书长：指挥部办公室主任

成员：办公厅、人事劳动司、产业政策与法规司、发展计划司、财务司、国际合作司、科技教育司、农业机械化管理司、畜牧业司、兽医局、农垦局、农产品质量安全监管局、全国畜牧总站、机关服务局、信息中心、指挥部办公室负责人

8.1.2 综合组人员组成

组长：指挥部副总指挥（畜牧业司司长）

副组长：畜牧业司主管草原工作的副司长

指挥部办公室副主任

成员：办公厅新闻宣传处负责人

畜牧业司综合处负责人

畜牧业司草原处负责人

指挥部办公室办公室负责人

指挥部办公室防火处负责人

8.1.3 督导组人员组成

人员组成：由指挥部领导根据火情决定。

8.1.4 后勤保障组人员组成

组长：指挥部办公室主任

副组长：财务司副司长

机关服务局副局长

指挥部办公室副主任

成员：发展计划司行业二处负责人

财务司专项资金处负责人

畜牧业司行业发展与科技处负责人

指挥部办公室办公室负责人

指挥部办公室防火处负责人

信息中心技术服务处负责人

8.1.5 专家咨询组人员组成

人员组成：由指挥部领导根据火情和火灾发生地点从防火专家信息库中选取。

8.2 农业部草原防火指挥部成员单位职责

办公厅：负责综合协调，《农业部值班信息》的审核把关、协调草原火灾的新闻报道、组织新闻发布会。

人事劳动司：负责应急机构各工作组人员的调配，确保人员及时到位。

发展计划司：协调解决受灾地区草原防火基础设施建设资金；监督项目执行。

财务司：及时争取和拨付救灾资金。

国际合作司：负责边境地区草原火灾的联防联络工作，协调受灾地区国外救援工作；会同有关部门制定国与国之间的草原防火联防协议，并协调做好草原防火联防协议签订工作。

农业机械化管理司：负责协调调运扑火所需的农机器具。

畜牧业司：提出扑火救灾资金报告；及时传达国务院领导、部领导的批示和指示精神；组织人员赴火灾现场检查、督促、指导防扑火工作。

兽医局：组织协调地方家畜转移中疫病防治和检疫工作。

农垦局：负责协调农垦区草原火灾的预防和扑救工作。

机关服务中心（局）：负责指挥部正常运行必需的房屋、电梯、食品等后勤保障工作。

全国畜牧总站：制定灾后恢复草场植被和草原改良的技术方案。

信息中心：保证信息传递畅通，提供技术支持。

指挥部办公室：做好火情监测预报，掌握火情动态，了解前线指挥部的扑火方案、火场地理信息和气象情况，提出防火工作建议，负责组织协调跨省区跨部门的草原防扑火联动工作，负责文件收发、情况汇总、防火工作总结起草和建档等工作。承办草原火灾应急处置工作奖惩事宜。

8.3  Ⅰ、Ⅱ级草原火灾应急响应启动及结束报签单（略）

8.4  农业部草原火灾新闻发布报签单（略）

8.5  农业部草原火灾通报报签单（略）

# 农业部草原畜牧业寒潮冰雪灾害应急预案

农业部关于印发

《农业部草原畜牧业寒潮冰雪灾害应急预案》的通知

有关省、自治区畜牧（农牧、农业）厅（局），新疆生产建设兵团畜牧兽医局，部有关司局、直属单位：

根据《中华人民共和国突发事件应对法》等有关法律法规和草原畜牧业寒潮冰雪灾害应对工作需要，我部组织制定了《农业部草原畜牧业寒潮冰雪灾害应急预案》，业经农业部常务会议审议通过。现印发给你们，请认真组织实施。

二〇一二年二月十七日

## 1 总则

### 1.1 编制目的

全面、迅速、有序地对草原畜牧业寒潮冰雪灾害进行预防预警和应急处置，保障畜牧业生产稳定，最大限度地减少草原畜牧业寒潮冰雪灾害造成的损失。

### 1.2 编制依据

依据《中华人民共和国突发事件应对法》、《中华人民共和国畜牧法》、《中华人民共和国草原法》、《中华人民共和国动物防疫法》、《国家突发公共事件总体应急预案》、《自然灾害救助条例》、《国家自然灾害救助应急预案》、《国家气象灾害应急预案》、《农业部农业突发公共事件应急预案管理办法》，制定本预案。

### 1.3　适用范围

本预案适用于中华人民共和国境内牧区、半牧区草原畜牧业寒潮冰雪灾害的预防和应急处置。

### 1.4　工作原则

#### 1.4.1　加强协调，分级负责

在国务院的统一领导下，实行属地管理，分级负责；地方各级人民政府应当组织农牧、发展改革委、民委、公安、民政、财政、交通、卫生、安全监管、气象、通信等部门，协调当地驻军、武警部队和民兵预备役、综合应急救援队伍等，在各自的职责范围内做好草原畜牧业寒潮冰雪灾害的预防和抗灾救灾各项工作。

#### 1.4.2　预防为主，快速反应

坚持预防与应急相结合，加强草原畜牧业寒潮冰雪灾情监测预报预警，建立健全反应灵敏、运转高效的应急管理机制，建立抗灾救灾物资储备体系，确保迅速、有效地应对和处置草原畜牧业寒潮冰雪灾害。

#### 1.4.3　以人为本，科学防救

坚持以人为本，把保护人民群众人身安全放在首位，强化队伍培训，推广先进的草原畜牧业寒潮冰雪灾害预防和抗灾保畜技术，努力减少人员伤亡和经济损失。

## 2 组织指挥体系及职责任务

### 2.1 农业部应急组织机构与职责

农业部成立草原畜牧业寒潮冰雪灾害应急指挥部（以下简称指挥部），指挥部办公室设在农业部草原监理中心。指挥部下设综合组、后勤保障组、督导组和专家咨询组。

#### 2.1.1 指挥部人员组成及职责

人员组成：农业部主管畜牧（草原）工作的副部长任总指挥，办公厅主任、国家首席兽医师、畜牧业司司长任副总指挥。由办公厅、人事劳动司、产业政策与法规司、发展计划司、财务司、科技教育司、农业机械化管理司、畜牧业司、兽医局、农产品质量安全监管局、全国畜牧总站、机关服务局、信息中心、草原监理中心负责人组成。

主要职责：

批准启动或停止本预案；

根据灾情，及时向国务院报告；

研究、协调、解决抗灾救灾和灾后防疫及恢复生产中的重大问题；

根据受灾省级草原畜牧业寒潮冰雪灾害应急主管部门的请求和抗灾救灾需要，协调解决重点受灾地区应急设施建设和抗灾救灾资金、物资；

按照国务院要求，商请国家发展改革委、国家民委、公安部、民政部、财政部、交通运输部、工业和信息化部、卫生部、安全监管总局、中国气象局等部门，根据有关法律法规规定做好抗灾救灾相关职能工作。

### 2.1.2　综合组人员组成及职责

人员组成：由办公厅、畜牧业司、草原监理中心有关人员组成。

主要职责：进行草原畜牧业寒潮冰雪灾害动态监测和信息分析，了解灾区的抗灾救灾方案、物资准备、地理信息和气象情况；根据灾情，及时向指挥部领导报告，并传达有关领导的批示和指示精神；根据抗灾救灾需要和指挥部决定，联系调动抗灾救灾急需物资；负责与有关部门和相关单位的沟通与协调；组织发布灾情信息和抗灾救灾进展情况；负责文件收发、情况汇总和建档，起草总结报告。

### 2.1.3　督导组人员组成及职责

人员组成：相关司局和直属单位有关人员及专家组成，具体由指挥部领导根据灾情决定。

主要职责：深入灾区一线，检查监督各地落实国务院和指挥部对抗灾救灾的指示精神，协助和指导地方抗灾前线指挥部开展抗灾救灾工作。及时向指挥部反馈灾情信息，协助地方政府解决在抗灾救灾工作中存在的实际困难。

### 2.1.4　后勤保障组人员组成及职责

人员组成：由发展计划司、财务司、畜牧业司、机关服务局、草原监理中心、信息中心有关人员组成。

主要职责：研究解决受灾地区草原畜牧业寒潮冰雪灾害应急基础设施建设资金，及时筹措和拨付救灾资金；组织协调抗灾人员和救灾物资的快速供应；确保灾情信息传递畅通。

### 2.1.5　专家咨询组人员组成及职责

人员组成：由气象、草原、畜牧、兽医、工程等方面的专家组成。

主要职责：对草原畜牧业寒潮冰雪灾害动态趋势进行科学分析和评估，为抗灾救灾工作提供技术咨询和现场指导。

2.2 地方应急组织机构与职责

地方各级人民政府应当根据本地草原畜牧业寒潮冰雪灾害应急管理工作实际，在草原畜牧业主管部门设立本级应急组织机构，负责本行政区域内的草原畜牧业寒潮冰雪灾害防灾抗灾救灾的指挥组织协调工作，明确相关部门人员组成及职责任务。

2.3 应急组织机构工作流程描述

指挥部办公室接到气象部门发布的草原牧区遭受强降温和暴风雪袭击的气象灾害预警信息，通知相关省级草原畜牧业寒潮冰雪灾害应急主管部门做好相关工作；根据灾情，向指挥部报告并申请启动相应等级响应；向省级草原畜牧业寒潮冰雪灾害应急主管部门传达有关领导的指示。

指挥部根据灾情启动相应等级响应程序，各工作组立即进入应急工作状态，各组相关人员按照各自职责分工完成相关工作。指挥部根据灾情及应急工作进展情况决定应急响应结束。

3 预警和预防机制

3.1 草原灾情信息监测与灾情报告

草原灾情信息主要来源于地方草原畜牧业寒潮冰雪灾害主管部门的报告、各级气象部门的气象预报和相关部门的卫星监测报告。

在全国草原畜牧业寒潮冰雪灾害应急重点期（冬季的10月开始至第2年春季4月），指挥部办公室负责收集气象预报信息和组织开展雪情监测工作。一旦启动Ⅰ、Ⅱ级草原畜牧业寒潮冰雪灾害应急响应，指挥部办公室设值班室进行24小时值班，明确带班领导和值班人员，直至应急响应结束。值班室负责接收地方和相关部门灾情报告、气象预报和卫星监测的灾情信息，及时通知可能发生寒潮冰雪灾害的省级草原畜牧业寒潮冰雪灾害应急主管部门迅速进行核实和防范，及时反馈信息。值班室对反馈信息进行核实分析，必要时向带班领导报告。

### 3.2 预警预防行动

农业部划定全国重点草原畜牧业寒潮冰雪灾害易发区，编制牧区草原畜牧业雪灾防灾减灾规划，制定草原畜牧业寒潮冰雪灾害级别划分标准。全国重点草原畜牧业寒潮冰雪灾害Ⅰ级易发省区为内蒙古、新疆、西藏、青海、四川、甘肃，Ⅱ级易发省区为云南、黑龙江、吉林、辽宁、宁夏、河北、山西。省、自治区根据本地的实际情况划定本行政区域重点草原畜牧业寒潮冰雪灾害易发区。县级以上地方人民政府应当根据草原畜牧业寒潮冰雪灾害发生规律，确定本行政区域的草原畜牧业寒潮冰雪灾害应急期，建立草原畜牧业寒潮冰雪灾害应急责任制度和防灾抗灾救灾应急预案。

县级以上人民政府草原畜牧业寒潮冰雪灾害应急主管部门应当与当地气象部门联合建立草原畜牧业寒潮冰雪灾害预报预警机制。气象部门应当根据草原畜牧业寒潮冰雪灾害应急的实际需要提供气候趋势预测，认真做好草原畜牧业寒潮冰雪灾害气象等级预报和预警发布工作；草原畜牧业寒潮冰雪灾害应急主管部门应当依据气象部门提供的预报预警信息，采取相应措施，防止和减少草原畜牧业寒潮冰雪灾害造成的损失。

### 3.3 预警支持系统

草原畜牧业寒潮冰雪灾害易发区要加强草原畜牧业寒潮冰雪灾害应急指挥信息系统建设，确保草原灾情信息传递及反馈高效快捷。

### 4 应急响应

#### 4.1 响应级别

草原畜牧业寒潮冰雪灾害应急响应分为四个级别：

#### 4.1.1 Ⅰ级

本行政区域内，出现以下情况之一的：

（1）已发布暴雪或寒潮Ⅰ级气象灾害预警，或过去24小时出现暴雪（地面平均积雪厚度10厘米以上，24小时降雪量10毫米以上）天气且降雪范围600万公顷以上；

（2）造成30人以上农牧民死亡；

（3）造成30万头（只）以上牲畜死亡；

（4）直接畜牧业经济损失5亿元以上；

（5）紧急转移安置或需紧急生活救助10万人以上；

（6）倒塌和严重损坏牧民定居房屋1万间以上，或损毁牲畜暖棚50万平方米以上。

#### 4.1.2 Ⅱ级

本行政区域内，出现以下情况之一的：

（1）已发布暴雪或寒潮Ⅱ级气象灾害预警，或过去24小时出现大雪（地面平均积雪厚度5厘米以上10厘米以下，24小时降雪量5毫米以上10毫米以下）天气且降雪范围400万公顷以上；

（2）造成 10 人以上 30 人以下农牧民死亡；

（3）造成 20 万头（只）以上 30 万头（只）以下牲畜死亡；

（4）直接畜牧业经济损失 2.5 亿元以上 5 亿元以下；

（5）紧急转移安置或需紧急生活救助 5 万人以上 10 万人以下；

（6）倒塌和严重损坏牧民定居房屋 0.5 万间以上 1 万间以下，或损毁牲畜暖棚 20 万平方米以上 50 万平方米以下。

4.1.3　Ⅲ级

本行政区域内，出现以下情况之一的：

（1）已发布暴雪或寒潮Ⅲ级气象灾害预警，或过去 24 小时出现大雪天气且降雪范围 200 万公顷以上；

（2）造成 3 人以上 10 人以下农牧民死亡；

（3）造成 10 万头（只）以上 20 万头（只）以下牲畜死亡；

（4）直接畜牧业经济损失 1 亿元以上 2.5 亿元以下；

（5）紧急转移安置或需紧急生活救助 2 万人以上 5 万人以下；

（6）倒塌和严重损坏牧民定居房屋 0.2 万间以上 0.5 万间以下，或损毁牲畜暖棚 10 万平方米以上 20 万平方米以下。

4.1.4　Ⅳ级

本行政区域内，出现以下情况之一的：

（1）已发布暴雪或寒潮Ⅳ级气象灾害预警，或过去 24 小时出现中雪（地面平均积雪厚度 2.5 厘米以上 5 厘米以下，24 小时降雪量 2.5 毫米以上 5 毫米以下）天气且降雪范围 100 万公顷以上；

（2）造成 3 人以下农牧民死亡；

（3）造成 500 头（只）以上 10 万头（只）以下牲畜死亡；

（4）直接畜牧业经济损失 50 万元以上 1 亿元以下；

（5）紧急转移安置或需紧急生活救助 1 万人以上 2 万人以下；

（6）倒塌和严重损坏牧民定居房屋 0.1 万间以上 0.2 万间以下，或损毁牲畜暖棚 5 万平方米以上 10 万平方米以下。

上述表述中，"以上"含本数，"以下"不含本数。

4.2　响应程序

地方各级草原畜牧业寒潮冰雪灾害应急主管部门按照本级预案，根据灾情和工作实际，及时启动Ⅰ、Ⅱ、Ⅲ、Ⅳ级草原畜牧业寒潮冰雪灾害应急响应。

省级草原畜牧业寒潮冰雪灾害应急主管部门要将Ⅰ、Ⅱ、Ⅲ级草原畜牧业寒潮冰雪灾害发生和处置情况及时报告指挥部办公室。农业部根据灾情启动不同等级的应急响应。

4.2.1　Ⅰ级响应

发生Ⅰ级草原畜牧业寒潮冰雪灾害，及时向国务院和国家减灾委员会报告。由指挥部办公室向指挥部领导提出处置建议，经指挥部总指挥批准后，启动Ⅰ级响应程序。

（1）应急组织机构各组工作人员迅速到位；

（2）指挥部迅速对灾情做出全面分析和评估，对抗灾救灾工作做出总体部署；

（3）派督导组赶赴灾区，指导地方做好抗灾救灾工作；

（4）根据灾情及省级草原畜牧业寒潮冰雪灾害应急主管部

门的申请，调用草原畜牧业寒潮冰雪灾害应急物资；

（5）必要时建议国务院召集有关部门研究抗灾救灾的紧急措施，调动抗灾救援人员，调拨抗灾救灾经费和物资；

（6）与有关单位联系，做好灾情监测；联系气象部门提供草原畜牧业寒潮冰雪灾害气象服务；

（7）保持与国家减灾委员会办公室的密切联系，并要求地方各级草原畜牧业寒潮冰雪灾害应急主管部门配合民政部门，按照《国家自然灾害救助条例》要求做好草原畜牧业寒潮冰雪灾害灾情信息收集、汇总、分析、上报和统一发布工作。

4.2.2　Ⅱ级响应

发生Ⅱ级草原畜牧业寒潮冰雪灾害，及时向国务院报告。由指挥部办公室迅速对灾情做出分析和评估，向指挥部领导提出处置建议，经指挥部领导批准启动Ⅱ级响应程序。

（1）根据指挥部领导指示，对协助地方做好抗灾救灾工作做出部署；

（2）根据灾情，派督导组赶赴灾区，指导地方做好抗灾救灾工作；

（3）根据灾情及省级草原畜牧业寒潮冰雪灾害应急主管部门的申请，调用草原畜牧业寒潮冰雪灾害应急物资；

（4）与有关单位联系，做好灾情监测；联系气象部门提供草原畜牧业寒潮冰雪灾害气象服务。

4.2.3　Ⅲ级响应

发生Ⅲ级草原畜牧业寒潮冰雪灾害，由指挥部办公室启动Ⅲ级响应程序。

（1）与有关单位联系，做好灾情监测，掌握灾情动态，及时将监测信息通报地方；

（2）与地方保持密切联系，了解灾区前线抗灾力量部署、灾区地理信息和气象情况，指导地方做好抗灾救灾工作；

（3）传达落实有关领导的指示精神。

4.2.4　Ⅳ级响应

发生Ⅳ级草原畜牧业寒潮冰雪灾害，由地方做出应急响应。指挥部办公室与省级草原畜牧业寒潮冰雪灾害应急主管部门保持密切联系，掌握灾情动态。

4.3　信息报送和处理

信息报送内容：包括灾害发生的时间范围、地域范围、灾区气象状况（积雪厚度、温度、风力、风向）、已采取的救援措施（人员、车辆、主要抗灾救灾物资数量）、灾情发展趋势、灾害级别、人员伤亡情况、牲畜受灾和损失情况、房屋和圈舍损失损毁情况、存在的困难问题（燃油、饲草料等物资短缺及需求信息）、需要紧急转移安置或需紧急生活救助人数等。

信息报送时间：发生Ⅰ、Ⅱ、Ⅲ级草原畜牧业寒潮冰雪灾害，县级草原畜牧业寒潮冰雪灾害主管部门应当立即逐级上报，2 小时内报告至指挥部办公室，并于每日 16 时前报告一次抗灾救灾进展情况。农业部接到Ⅰ、Ⅱ级草原畜牧业寒潮冰雪灾害报告后，2 小时内报告国务院。发生Ⅰ级草原畜牧业寒潮冰雪灾害时，及时通报有关部委（局）。

4.4　应急通信

指挥部办公室准确掌握各省级草原畜牧业寒潮冰雪灾害应急

主管部门的值班电话、主要负责人电话；掌握国务院有关部门和直属单位及农业部指挥部各成员单位相关人员联系方式。督导组执行督导任务时，携带卫星电话，保持与指挥部信息畅通。

各级草原畜牧业寒潮冰雪灾害应急主管部门应当协调当地通信主管部门，根据草原畜牧业寒潮冰雪灾害应急的实际需要，组织基础电信运营企业提供必要的通信服务，保障灾区通信畅通。

4.5 现场指挥

草原畜牧业寒潮冰雪灾害救援现场指挥部由地方人民政府组建，督导组根据指挥部领导的指示，协助指导现场指挥部进行抗灾救灾工作。

4.6 安全防护

草原畜牧业寒潮冰雪灾害发生地人民政府负责妥善安置灾民，同时做好医疗救治、疫病防治、牲畜转场等安全防护工作。

4.7 社会力量动员与参与

草原畜牧业寒潮冰雪灾害抗灾救灾应当组织专门的抗灾救灾队；接到抗灾救灾命令的单位和个人，必须迅速赶赴指定地点，投入抗灾救灾工作。

需要中国人民解放军和中国人民武装警察部队参加草原畜牧业寒潮冰雪灾害抗灾救灾的，依照《军队参加抢险救灾条例》的有关规定执行。

4.8 新闻发布

新闻发布坚持实事求是、把握适度、及时准确的原则，及时向社会公布灾害动态、处置措施及进展情况。新闻发布实行属地管理，地方各级人民政府负责发布本行政区域内的灾害信息；跨行政区域的，由上一级人民政府负责发布。省级人民政府发布的灾害新闻信息要同时报指挥部备案。发生Ⅰ级灾害，农业部可在必要时举行新闻发布会。

### 4.9 应急响应结束

草原畜牧业寒潮冰雪灾害影响消除后，由省级草原畜牧业寒潮冰雪灾害应急主管部门向指挥部办公室报告。Ⅰ级草原畜牧业寒潮冰雪灾害由指挥部总指挥批准应急响应结束；Ⅱ级草原畜牧业寒潮冰雪灾害由指挥部领导批准应急响应结束。Ⅲ草原畜牧业寒潮冰雪灾害应急响应结束由指挥部办公室决定。

农业部决定Ⅰ、Ⅱ、Ⅲ级草原畜牧业寒潮冰雪灾害应急响应结束后，省级草原畜牧业寒潮冰雪灾害应急主管部门可以结束相应的应急响应；Ⅳ级应急响应结束由地方草原畜牧业寒潮冰雪灾害应急主管部门决定。

## 5 后期处置

### 5.1 灾害损失评估

灾情调查由当地草原畜牧业寒潮冰雪灾害主管部门会同公安、民政、气象等有关部门办理。Ⅰ、Ⅱ、Ⅲ级草原畜牧业寒潮冰雪灾害应急响应结束后，由省级草原畜牧业寒潮冰雪灾害主管部门进行总结，建立专门档案，并报指挥部办公室。

Ⅰ、Ⅱ级草原畜牧业寒潮冰雪灾害应急响应结束后，指挥部办公室对应急响应进行全面总结，及时报指挥部领导。

### 5.2 善后处置

地方人民政府负责灾后重建工作。对伤亡人员以及紧急调集、征用有关单位及个人的物资，按照有关法律法规规定给予抚恤、补助或补偿。

## 6 应急保障

### 6.1 物资保障

县级以上地方人民政府草原畜牧业寒潮冰雪灾害应急主管部门根据各自行政区域的草原畜牧业寒潮冰雪灾害应急任务，建立相应的草原畜牧业寒潮冰雪灾害应急物资储备库，配备草原畜牧业寒潮冰雪灾害应急交通工具、除冰雪机具、通信器材、饲草料及应急燃油等必要的应急物资。农业部积极争取中央财政和发展改革部门的支持，在草原畜牧业寒潮冰雪灾害易发区建设物资储备库，储备一定数量的饲草料、动物防疫药品设备等抗灾救灾物资。

### 6.2 资金保障

地方各级草原畜牧业寒潮冰雪灾害应急主管部门应当积极争取当地人民政府将草原畜牧业寒潮冰雪灾害应急所需经费纳入本级财政预算，保障草原畜牧业寒潮冰雪灾害预防和抗灾救灾工作的顺利开展。

处置草原畜牧业寒潮冰雪灾害突发事件所需财政经费，按财政部《财政应急保障预案》执行。草原畜牧业寒潮冰雪灾害应急专项经费应当按照财政管理制度执行。

### 6.3 技术保障

建立完善草原畜牧业寒潮冰雪灾害应急综合管理系统和草原畜牧业寒潮冰雪灾害应急指挥信息系统。联合气象部门建立和完善草原畜牧业寒潮冰雪灾害遥感监测、预报预警系统，制定和完善草原畜牧业寒潮冰雪灾害抗灾救灾技术规程。建立草原畜牧业寒潮冰雪灾害应急专家信息库，为防灾抗灾救灾提供技术咨询和现场指导。

7 监督管理

7.1 宣传、培训和演练

有计划地开展草原畜牧业寒潮冰雪灾害应急宣传培训活动，增强农牧民的防灾减灾意识，提高农牧民对草原畜牧业寒潮冰雪灾害的预防和生产自救能力。

定时开展应急预案演练，加强对草原畜牧业寒潮冰雪灾害应急指挥人员、应急工作人员，以及草原畜牧业寒潮冰雪灾害应急专业抗灾救援队伍和群众抗灾救灾队伍的培训演练，提高抗灾救援能力。

7.2 预案管理

根据出现的新情况、新问题和草原畜牧业寒潮冰雪灾害应急工作的实际需要对本预案进行及时修订。

7.3 奖励与责任

对在草原畜牧业寒潮冰雪灾害应急处置工作中有突出贡献或者成绩显著的单位、个人，给予表彰。对在灾害救援中牺牲的人员，按照有关规定办理善后事宜。对草原畜牧业寒潮冰雪灾害应急处置工作中有失职、渎职行为的单位或工作人员，根据情节，由其所在单位或上级机关给予处分；构成犯罪的，依法追究刑事责任。

7.4 预案解释

本预案由农业部负责解释。

7.5　预案生效时间

本预案自公布之日起施行。

8　附录

8.1　名词术语

草原畜牧业寒潮冰雪灾害：在牧区和半牧区，由于冬春季节强降温和降雪量过多、积雪过厚，雪层维持时间过长，影响家畜正常放牧活动，破坏畜牧业生产，造成牲畜损失，影响农牧民群众正常生活的自然灾害。

8.2　农业部草原畜牧业寒潮冰雪灾害应急组织机构人员组成

8.2.1　指挥部人员组成

总指挥：农业部主管草原畜牧工作的副部长

副总指挥：办公厅主任

国家首席兽医师

畜牧业司司长

秘书长：草原监理中心主任

成员：办公厅、人事劳动司、产业政策与法规司、发展计划司、财务司、科技教育司、农业机械化管理司、畜牧业司、兽医局、农产品质量安全监管局、全国畜牧总站、机关服务局、信息中心、草原监理中心负责人

8.2.2　综合组人员组成

组长：指挥部副总指挥（畜牧业司司长）

副组长：畜牧业司主管草原工作的副司长

草原监理中心主管防火防灾工作的副主任

成员：办公厅值班室负责人

畜牧业司综合处负责人

畜牧业司草原处负责人

草原监理中心办公室负责人

草原监理中心防火处负责人

8.2.3　督导组人员组成

人员组成：由指挥部领导根据灾情决定。

8.2.4　后勤保障组人员组成

组长：草原监理中心主任

副组长：机关服务局副局长

畜牧业司副司长

# 中央财政草原生态保护补助奖励资金管理暂行办法

财政部、农业部关于印发《中央财政草原生态保护补助奖励资金管理暂行办法》的通知

财农〔2011〕532号

有关省、自治区财政厅、农牧（农业、畜牧）厅（局），新疆生产建设兵团财务局、畜牧兽医局：

国务院第128次常务会议决定，从2011年起，国家在内蒙古等主要草原牧区省区和新疆生产建设兵团全面建立草原生态保护补助奖励机制，促进草原生态保护和牧民增收。中央财政安排草原生态保护补助奖励专项资金，实施禁牧补助、草畜平衡奖励、牧草良种补贴、牧民生产资料补贴等一系列补助奖励政策。为了加强和规范资金管理，切实提高资金使用效益，我们制定了《中央财政草原生态保护补助奖励资金管

理暂行办法》，现印发给你们，请遵照执行。从 2011 年起，中央财政不再安排退牧还草饲料粮补助资金。在确定草原生态保护补助奖励机制中的禁牧补助和草畜平衡奖励的具体发放标准时，请与原退牧还草饲料粮补助标准合理衔接、平稳过渡。

中华人民共和国财政部

中华人民共和国农业部

二〇一一年十二月三十一日

# 第一章　总　则

**第一条**　为了落实国务院关于建立草原生态保护补助奖励机制，促进牧民增收的决定，加强中央财政草原生态保护补助奖励资金（以下简称补奖资金）管理，提高资金使用效益，根据《中华人民共和国预算法》和财政资金管理的有关规定，制定本暂行办法。

**第二条**　本办法所称补奖资金是指为加强草原生态保护、转变畜牧业发展方式、促进牧民持续增收、维护国家生态安全，中央财政设立的专项资金，包括禁牧补助、草畜平衡奖励、牧草良种补贴、牧民生产资料综合补贴和绩效考核奖励资金。

**第三条**　财政部、农业部组织指导各地草原生态保护补助奖励政策实施。各级财政和农牧部门应当明确分工，落实责任，加强协调，密切配合。财政部门负责安排补奖资金预算，会同农牧部门制定资金分配方案，拨付和发放资金，监督检查资金使用管理情况，组织开展绩效考评等。农牧部门负责组织实施管理，会同财政部门编制实施方案，完善草原承包，划定禁牧和草畜平衡区域，核定补助奖励面积和受益牧户，落实禁牧和草畜平衡责任，开展草原生态监测和监督管理，监管实施过程，提出绩效考核意见等。

第四条 地方各级财政部门特别是省级财政部门应安排必要的工作经费，支持基层加强草原生态保护管理工作。

## 第二章 补助奖励范围与标准

第五条 补助奖励范围，包括内蒙古自治区、四川省、云南省、西藏自治区、甘肃省、宁夏回族自治区、青海省、新疆维吾尔自治区等省区和新疆生产建设兵团（以下简称各省），以及国家确定的其他草原牧区半牧区县。

第六条 各省应按照草原生态状况、草原畜牧业生产和经济社会发展实际情况，结合主体功能区规划，按照集中连片的原则确定禁牧区域和草畜平衡区域，并逐级细化到乡镇、村组和承包户。生态脆弱、生存环境恶劣、草场严重退化、不宜放牧以及位于大江大河水源涵养区的草原应划为禁牧区，其他可利用草原划为草畜平衡区。

第七条 项目县农牧主管部门应与牧民签订禁牧和草畜平衡责任书，明确牧民实行禁牧和完成草畜平衡任务的责任与权益。

第八条　禁牧补助的对象是禁牧区域内承包草原并实施禁牧的牧民；草畜平衡奖励的对象是草畜平衡区域内承包草原并履行草畜平衡义务的牧民；牧民生产资料综合补贴的对象是承包草原且主要从事草原畜牧业生产的牧户；牧草良种补贴的对象是人工草场种植者，牧草良种包括多年生和一年生牧草良种，不包括青贮玉米等青贮饲料。

第九条　中央财政安排禁牧补助的测算标准为平均每年每亩 6 元，草畜平衡奖励补助的测算标准为平均每年每亩 1.5 元，牧民生产资料综合补贴标准为每年每户 500 元，牧草良种补贴标准为平均每年每亩 10 元。

第十条　省级财政和农牧部门可结合本地草原载畜能力、牧民承包草场面积、人口数量、牧民收入构成等情况，按照"对象明确、补助合理、发放准确、符合实际"的原则，在中央财政安排的资金额度内，制定对牧民禁牧补助和草畜平衡奖励的具体发放标准。省级财政和农牧部门还可参照当地农牧民收入水平等多种因素，在中央财政安排的资金额度内，对禁牧补助和草畜平衡奖励资金发放额度实行封顶和保底，封顶保底政策不得留有资金缺口。

# 第三章　资金拨付与发放

第十一条　各省财政和农牧部门于每年 3 月 31 日前联合向财政部和农业部上报补奖资金申请，申请文件内容包括：上年草原生态保护补助奖励机制实施情况、资金使用发放情况、资金结转结余情况、省级财政配套安排资金情况、省级资金整合情况、在执行过程中存在的问题和建议及本年度资金申请。申请资金与上年相比如有变化，需详细说明。

**第十二条** 财政部会同农业部根据各省上报的实施禁牧、草畜平衡的草原面积、人工牧草留床面积和牧民户数，结合中央财政预算安排金额，将禁牧补助、草畜平衡奖励、牧草良种补贴和牧民生产资料综合补贴拨付给省级财政部门。

**第十三条** 各省财政和农牧部门根据财政部下达的资金额度，编制本行政区域内年度草原生态保护补助奖励实施方案，报省级人民政府审核批准后实施，并抄报财政部和农业部。实施方案的内容包括基本情况、目标任务、实施内容、补助奖励标准、实施区域等。

**第十四条** 禁牧补助和草畜平衡奖励应根据禁牧和草畜平衡落实考评情况，分别按照牧民承包到户的实施禁牧和草畜平衡的草原面积发放。

**第十五条** 禁牧补助、草畜平衡奖励和牧民生产资料综合补贴直接发放到户，原则上通过"一卡通"或"一折通"发放到牧户，不具备"一卡通"和"一折通"发放条件的地方采取现金方式发放到户。牧草良种补贴可直接发放给种草牧民，补贴资金原则上通过"一卡通"或"一折通"发放；按照项目管理的，可统筹安排用于项目。

**第十六条** 禁牧补助、草畜平衡奖励资金、牧民生产资料综合补贴和牧草良种补贴发放实行村级公示制。公示的内容包括牧户姓名、承包草原面积、禁牧面积、草畜平衡面积、牧草留床面积、补助奖励标准、补助奖励资金数额等，公示时间不少于7天。

# 第四章　资金管理与监督

**第十七条**　地方各级财政部门应根据本地实际，按照"统筹安排、集中投入、各负其责、形成合力"的原则，积极整合相关专项资金，加大投入力度，完善相关配套措施，统筹支持草原生态保护和转变草原畜牧业发展方式，实现减畜不减产和促进牧民持续增收的目标。

**第十八条**　财政部会同农业部对各省上一年度草原生态保护补助奖励机制实施情况进行绩效考核。省级财政部门和农牧部门对项目县进行绩效考核，并根据实际情况合理运用考核结果，引导项目县管好用好资金，充分发挥资金使用效益。绩效考核办法另行制定。

**第十九条**　财政部根据绩效考核结果，安排绩效考核奖励资金。奖励资金由各省统筹使用，主要用于支持草原生态保护、畜牧业发展方式转变和草原禁牧管护、草畜平衡核查、补助奖励资金发放、监督检查等方面。

**第二十条**　地方各级财政和农牧等部门应成立草原生态保护补助奖励机制领导小组，负责草原生态保护补助奖励政策的组织实施和监督管理工作，逐级组织乡镇、村开展补奖草原面积、牧民登记，公示、复查核实，资金兑付，禁牧和草畜平衡任务落实以及村级管护员管理等相关工作。

**第二十一条** 项目县农牧部门要建立草原生态保护补助奖励信息管理档案，同时做好草原生态保护补助奖励信息管理系统的填报和审核工作，记录县、乡、村名称，牧户姓名，身份证号码，联系方式，补贴面积，补贴资金等信息。

**第二十二条** 地方各级财政部门应对补奖资金进行专项核算，并分别对禁牧补助、草畜平衡奖励、牧民生产资料综合补贴、牧草良种补贴和绩效考核奖励资金进行明细核算，各项资金之间不得调剂。

**第二十三条** 补奖资金应专款专用，任何地方、单位和个人不得虚报禁牧和草畜平衡面积、牧草留床面积、牧民户数等基础数据，不得套取、挤占、挪用补奖资金。对虚报、冒领、截留、挪用补奖资金的单位和个人，按照《财政违法行为处罚处分条例》（国务院令第 427 号）等有关法律法规进行处理处罚。

# 第五章 附 则

**第二十四条** 各省可根据本办法，结合本地实际制定实施细则，并报财政部、农业部备案。

**第二十五条** 本办法由财政部会同农业部负责解释。

**第二十六条** 本办法自 2012 年 1 月 1 日起施行。

# 附　录

## 新一轮草原生态保护补助奖励政策
## 实施指导意见（2016—2020 年）

### 农业部办公厅　财政部办公厅关于印发
### 《新一轮草原生态保护补助奖励政策实施
### 指导意见（2016—2020 年）》的通知
### 农办财〔2016〕10 号

经国务院批准，"十三五"期间，国家将在河北、山西、内蒙古、辽宁、吉林、黑龙江、四川、云南、西藏、甘肃、青海、宁夏、新疆等13 个省（自治区）以及新疆生产建设兵团和黑龙江省农垦总局，启动实施新一轮草原生态保护补助奖励政策。为切实做好政策贯彻落实工作，农业部、财政部共同制定了《新一轮草原生态保护补助奖励政策实施指导意见（2016—2020 年）》。现印发给你们，请遵照执行。

农业部办公厅　财政部办公厅

2016 年 3 月 1 日

经国务院批准，"十三五"期间，国家在内蒙古、四川、云南、西藏、甘肃、宁夏、青海、新疆等8个省（自治区）和新疆生产建设兵团（以下统称"8省区"），以及河北、山西、辽宁、吉林、黑龙江等5个省和黑龙江省农垦总局（以下统称"5省"），启动实施新一轮草原生态保护补助奖励政策（以下简称"草原补奖政策"）。为切实做好贯彻落实工作，现提出如下指导意见。

一、重要意义

草原在我国生态文明建设和经济社会发展大局中具有重要战略地位。"十二五"期间，国家在河北、山西、内蒙古、辽宁、吉林、黑龙江、四川、云南、西藏、甘肃、青海、宁夏、新疆等13省（区）以及生产建设兵团和黑龙江省农垦总局启动实施草原补奖政策，取得了显著成效，有力促进了牧区草原生态、牧业生产和牧民生活的改善。"十三五"期间启动实施新一轮草原补奖政策，是中央统筹我国经济社会发展全局做出的重大决策；是深入贯彻"创新、协调、绿色、开放、共享"理念，促进城乡区域协调发展的具体体现；是加快草原保护，建设生态文明的重要举措。各地要从加快建设生态文明、全面建成小康社会、维护民族团结和边疆稳定的战略高度出发，深刻认识启动实施新一轮草原补奖政策的重要性和必要性，精心组织，周密部署，把落实好这项工作作为稳当前、保长远的重要任务抓实抓好。

二、任务目标

通过实施草原补奖政策，全面推行草原禁牧休牧轮牧和草畜平衡制度，划定和保护基本草原，促进草原生态环境稳步恢复；加快推动草牧业发展方式转变，提升特色畜产品生产供给水平，促进牧区经济可持续发展；不断拓宽牧民增收渠道，稳步提高牧民收入水平，为加快建设生态文明、全面建成小康社会、维护民族团结和边疆稳定作出积极贡献。

三、基本原则

（一）保护生态，绿色发展。遵循"创新、协调、绿色、开放、共享"的发展理念，坚持"生产生态有机结合、生态优先"的基本方针，全面推行各项草原管护制度，保护和恢复草原生态环境，夯实牧区经济社会可持续发展基础。

（二）权责到省，分级落实。坚持草原补奖资金、任务、目标、责任"四到省"，逐级建立目标责任制，分解任务指标。完善政策落实工作机制，建立健全绩效评价制度，加强资金管理和监督检查，确保资金任务落实到位。

（三）公开透明，补奖到户。坚持政策实施全程透明，做到任务落实、资金发放、建档立卡、服务指导、监督管理"五到户（项目单位）"，保证政策落实公平、公正、公开，切实使政策成为社会认同、群众满意的德政项目和民心项目。

（四）因地制宜，稳步实施。尊重客观实际，坚持分类指导，因地制宜制定政策实施方案。科学合理确定补奖标准以及封顶、保底标准。第一轮实施禁牧的草原植被恢复达到解禁标准可转为草畜平衡区的，要由省级行业主管部门重新核定。

四、政策内容

在8省区实施禁牧补助、草畜平衡奖励和绩效评价奖励；在5省实施"一揽子"政策和绩效评价奖励，补奖资金可统筹用于国家牧区半牧区县草原生态保护建设，也可延续第一轮政策的好做法。其中，将河北省兴隆、滦平、怀来、涿鹿、赤城5个县纳入实施范围，构建和强化京津冀一体化发展的生态安全屏障。

（一）禁牧补助。对生存环境恶劣、退化严重、不宜放牧以及位于大江大河水源涵养区的草原实行禁牧封育，中央财政按照每年每亩7.5元的测算标准给予禁牧补助。5年为一个补助周期，禁牧期满后，根据草原生态功能恢复情况，继续实施禁牧或者转入草畜平衡管理。

（二）草畜平衡奖励。对禁牧区域以外的草原根据承载能力核定合理载畜量，实施草畜平衡管理，中央财政对履行草畜平衡义务的牧民按照每年每亩2.5元的测算标准给予草畜平衡奖励。引导鼓励牧民在草畜平衡的基础上实施季节性休牧和划区轮牧，形成草原合理利用的长效机制。

（三）绩效考核奖励。中央财政每年安排绩效评价奖励资金，对工作突出、成效显著的省区给予资金奖励，由地方政府统筹用于草原生态保护建设和草牧业发展。

五、工作要求

（一）强化组织宣传。各级农牧、财政部门要密切配合，相互协调，全力做好新一轮草原补奖政策落实各项工作。要及时向同级党委政府汇报工作进展情况，建立健全由地方党政领导任组长的政策实施工作领导小组，强化组织领导，明确责任分工，完善工作机制。要广泛通过广播电视、报刊杂志、手机网络等载体，以及进村入户宣讲培训、发放政策明白纸等形式，做好政策宣传解读工作。要让广大牧民群众充分知晓新一轮草原补奖政策内容，保证政策平稳过渡和全面落实。

（二）强化基础工作。各有关省区均要根据草原类型、植被状况和生产特点，因地制宜编制政策实施方案。8省区要合理确定禁牧补助、草畜平衡奖励具体发放标准以及封顶、保底标准，避免出现因补贴额度过高"垒大户"和因补贴过低影响牧民生活的现象，确保牧民享受草原补奖政策的收益不降低。5省要做好政策衔接，既可延续第一轮政策的做法，也可根据相关资金管理办法，围绕草原生态保护建设中存在的重点难点问题，有针对性的安排项目内容，与中央财政安排的支持粮改饲、振兴奶业苜蓿发展行动等资金做好统筹衔接，避免重复投入。扎实做好草原补奖信息系统数据录入和管理工作。稳定和完善草原承包经营制度，划定和保护基本草原，严守草原生态红线。

（三）强化绩效评价。新一轮草原补奖政策继续开展绩效评价，对获得合格以上评价等级的地区，按照等级排名，综合考虑草原面积、工作难度等因素安排绩效评价奖励资金；对不合格的地区，不安排绩效评价奖励资金。各有关省区安排使用绩效评价奖励资金时，用于草原生态保护建设和草牧业发展的资金比例不得低于70%。继续统筹利用绩效评价奖励资金，推进草牧业试验试点，加大对新型经营主体发展现代草牧业的支持力度。各有关省区农牧、财政部门负责本地区的政策实施情况绩效评价工作，从生态、生产和生活等三方面科学设定绩效指标，严格开展评价考核。

（四）强化资金管理。建立健全省级草原补奖资金管理规章制度，规范资金使用和管理。各有关省区财政部门要会同农牧部门按照实施方案制定补奖资金分配方案，设立补奖资金专账，并下设各分项资金明细账户，分别核算，专款专用。要通过"一卡通"或"一折通"将补奖资金及时足额发放给牧民，并在卡折中明确政策项目名称。草原补奖资金发放严格实行村级公示制，接受群众监督。草原补奖资金原则上不能形成结余，如因特殊原因形成结余的，需商财政部后，按有关规定由同级财政部门收回统筹使用或者上交中央财政，不得擅自调剂或挪用。

（五）强化监督检查。各级农牧、财政部门要会同纪检、监察、审计等部门，加强对政策任务和资金落实情况的监督检查。要按照政策实施需求，完善草原监测体系，定期开展定点监测和入户调查，分年度评估政策实施成效。建立健全县、乡、村三级草原管护网络，调动和发挥牧民自我管理与相互监督的作用。各级草原监理机构要加大对草原禁牧休牧轮牧、草畜平衡制度落实情况的监督检查力度，巡查禁牧区、休牧期的牲畜放牧情况，核查草畜平衡区放牧牲畜数量，发现问题及时纠正，保护和巩固政策实施成效。

各有关省区农牧、财政部门于今年6月20日前，将经省级政府批复的草原补奖政策实施方案（2016—2020年）联合报农业部、财政部备案；于每年11月30日前将政策实施情况总结，报农业部、财政部；在中央财政绩效评价奖励资金下达后的1个月内，将绩效评价奖励资金分配使用方案报农业部、财政部备案。联系方式如下。

（一）财政部农业司农业一处　王胄

联系电话：010—68551590

传真：010—68551431

电子邮箱：17796160@ qq. com

（二）农业部财务司农业补贴与金融处　丁祥勇

联系电话：010—59192524

传真：010—59193264

电子邮箱：btyjrc@ 163. com

（三）农业部畜牧业司草原处　黄涛

联系电话：010—59193267

传真：010—591928237

电子邮箱：xmjcych@ agri. gov. cn

附件：（略）

# 草原征占用审核审批管理

## 草原征占用审核审批管理办法

中华人民共和国农业部令

2014 年第 3 号

现公布《农业部关于修订部分规章的决定》，自公布之日起施行。

农业部部长

2014 年 4 月 25 日

（2006 年 1 月 27 日农业部令第 58 号公布；根据 2014 年 4 月 25 日农业部令 2014 年第 3 号公布的《农业部关于修订部分规章的决定》修订）

第一条 为了加强草原征占用的监督管理，规范草原征占用的审核审批，保护草原资源和环境，维护农牧民的合法权益，根据《中华人民共和国草原法》的规定，制定本办法。

第二条 本办法适用于下列情形：

（一）矿藏开采和工程建设等需要征用、使用草原的审核；

（二）临时占用草原的审核；

（三）在草原上修建直接为草原保护和畜牧业生产服务的工程设施使用草原的审批。

第三条 县级以上人民政府草原行政主管部门负责草原征占用的审核审批工作。

县级以上人民政府草原行政主管部门的草原监督管理机构承担相关具体工作。

第四条 草原是重要的战略资源。国家保护草原资源，实行基本草原保护制度，严格控制草原转为其他用地。

第五条 矿藏开采、工程建设和修建工程设施应当不占或少占草原。除国家重点工程项目外，不得占用基本草原。

第六条 矿藏开采和工程建设确需征用或使用草原的，依照下列规定的权限办理：

（一）征用、使用草原超过七十公顷的，由农业部审核；

（二）征用、使用草原七十公顷及其以下的，由省级人民政府草原行政主管部门审核。

第七条 工程建设、勘查、旅游等确需临时占用草原的，由县级以上地方人民政府草原行政主管部门依据所在省、自治区、直辖市确定的权限分级审核。

临时占用草原的期限不得超过二年，并不得在临时占用的草原上修建永久性建筑物、构筑物；占用期满，使用草原的单位或个人应当恢复草原植被并及时退还。

**第八条** 在草原上修建直接为草原保护和畜牧业生产服务的工程设施确需使用草原的，依照下列规定的权限办理：

（一）使用草原超过七十公顷的，由省级人民政府草原行政主管部门审批；

（二）使用草原七十公顷及其以下的，由县级以上地方人民政府草原行政主管部门依据所在省、自治区、直辖市确定的审批权限审批。

修筑其他工程，需要将草原转为非畜牧业生产用地的，应当依照本办法第六条的规定办理。

第一款所称直接为草原保护和畜牧业生产服务的工程设施，是指：

（一）生产、贮存草种和饲草饲料的设施；

（二）牲畜圈舍、配种点、剪毛点、药浴池、人畜饮水设施；

（三）科研、试验、示范基地；

（四）草原防火和灌溉设施。

**第九条** 草原征占用应当符合下列条件：

（一）符合国家的产业政策，国家明令禁止的项目不得征占用草原；

（二）符合所在地县级草原保护建设利用规划，有明确的使用面积或临时占用期限；

（三）对所在地生态环境、畜牧业生产和农牧民生活不会产生重大不利影响；

（四）征占用草原应当征得草原所有者或使用者的同意；征占用已承包经营草原的，还应当与草原承包经营者达成补偿协议；

（五）临时占用草原的，应当具有恢复草原植被的方案；

（六）申请材料齐全、真实；

（七）法律、法规规定的其他条件。

**第十条** 草原征占用单位或个人应当向具有审核审批权限的草原行政主管部门提出草原征占用申请。

**第十一条** 矿藏开采和工程建设等确需征用、使用草原的单位或个人，应当填写《草原征占用申请表》，同时提供下列材料：

（一）项目批准文件；

（二）草原权属证明材料；

（三）有资质的设计单位做出的包含环境影响评价内容的项目使用草原可行性报告；

（四）与草原所有权者、使用者或承包经营者签订的草原补偿费和安置补助费等补偿协议。

临时占用草原的，应当提供前款（二）、（三）项规定的材料、草原植被恢复方案以及与草原所有者、使用者或承包经营者签订的草原补偿费等补偿协议。

修建直接为草原保护和畜牧业生产服务的工程设施使用草原的，应当提供第一款（一）、（二）、（四）项规定的材料。

第十二条 草原行政主管部门应当自受理申请之日起二十个工作日内完成审核或者审批工作。

二十个工作日内不能完成的，经本部门负责人批准，可延长十个工作日，并告知申请人延长的理由。

第十三条 草原行政主管部门应当组织对被申请征用、使用的草原进行现场查验，核查草原面积等情况，并填写《草原征用使用现场查验表》。

草原现场查验人员应当不少于三人，其中应当包括两名以上具有中级以上职称的相关专业技术人员。

被申请征用、使用草原的摄像或照片资料和地上建筑、基础设施建设的视听资料，可以作为《草原征用使用现场查验表》的附属材料。

第十四条 现场查验人员应当在《草原征占用申请表》上签署查验意见，并将《草原征用使用现场查验表》连同其他相关资料报送草原行政主管部门审查。

第十五条 矿藏开采和工程建设等确需征用、使用草原的申请，经审查同意的，草原行政主管部门应当向申请人发放《草原征用使用审核同意书》，并按照《中华人民共和国草原法》的规定，预收草原植被恢复费；经审查不同意的，应当在《草原征占用申请表》中说明不同意的理由，并书面告知申请人。

申请人凭《草原征用使用审核同意书》依法向土地管理部门申请办理建设用地审批手续。建设用地申请未获批准的，草原行政主管部门应当将预收的草原植被恢复费全部退还申请人。

第十六条 临时占用草原或修建直接为草原保护和畜牧业生产服务的工程设施需要使用草原的申请，经审核审批同意的，草原行政主管部门应当以文件形式通知申请人。

第十七条 草原征用、使用、临时占用单位或个人应当按照批准的面积征用、使用、临时占用，不得擅自扩大面积。确需扩大面积的，应当依照本办法的规定重新申请。

第十八条 违反本办法规定，有下列情形之一的，依照《中华人民共和国草原法》的有关规定查处，构成犯罪的，依法追究刑事责任：

（一）无权批准征用、使用草原的单位或者个人非法批准征用、使用草原的；

（二）超越批准权限非法批准征用、使用草原的；

（三）违反规定程序批准征用、使用草原的；

（四）未经批准或者采取欺骗手段骗取批准，非法使用草原的；

（五）在临时占用的草原上修建永久性建筑物、构筑物的；

（六）临时占用草原，占用期届满，用地单位不予恢复草原植被的；

（七）其他违反法律法规规定征占用草原的。

前款第（一）、（二）、（三）项所列情形，尚不够刑事处罚的，依法给予行政处分；给当事人造成损失的，依法承担赔偿责任。

第十九条 县级以上人民政府草原行政主管部门应当建立征占用草原审核审批管理档案。

第二十条　省、自治区、直辖市人民政府草原行政主管部门应当在每年的第一季度将上年度本省、自治区、直辖市征占用草原的情况汇总报告农业部。

第二十一条　《草原征占用申请表》和《草原征用使用现场查验表》式样由农业部统一规定，省级人民政府草原行政主管部门统一印制。《草原征用使用审核同意书》由农业部统一印制。

第二十二条　本办法自 2006 年 3 月 1 日起施行。

# 农业部办公厅关于依法加强草原
# 征占用审核审批管理的通知

农办牧〔2017〕28号

各省（自治区、直辖市）畜牧（农牧、农业）厅（局、委、办），新疆生产建设兵团畜牧兽医局，黑龙江省农垦总局：

为进一步加强草原征占用审核审批管理工作，保护草原资源和生态环境，维护农牧民合法权益，现就有关问题通知如下。

一、认真履行职能，依法加强服务管理

《中华人民共和国草原法》第三十八条规定，进行矿藏开采和工程建设，应当不占或者少占草原；确需征收、征用或者使用草原的，必须经省级以上人民政府草原行政主管部门审核同意后，依照有关土地管理的法律、行政法规办理建设用地审批手续。2006年，农业部颁布实施了《草原征占用审核审批管理办法》，对草原征占用审核审批程序和管理权限进行了规定。

各级草原行政主管部门要认真履行职责，依法实施草原征占用审核审批许可。要主动做好服务工作，告知项目建设单位征占用草原的法律法规规定，指导项目建设单位规范编写征占用草原申请材料。对受理的征占用草原申请，要在规定的时限内提出具体明确的审查意见，按规定程序审核报批。要加强与国土资源管理部门的沟通协调，告知有关法律法规，及时互通相关信息，建立健全建设项目征用使用草原的用地预审协商机制，共同做好征用使用草原的建设用地审批工作。要对征占用草原的全过程进行监管，跟踪检查用地情况，杜绝化整为零、少批多占、未批先占等行为的发生。

二、落实属地责任，依法查处违法行为

《中华人民共和国草原法》第八章，对各类破坏草原行为的法律责任做了明确规定。其中第六十三条规定，无权批准、超越批准权限非法批准或者违反法律规定的程序批准征收、征用或者使用草原，构成犯罪的，依法追究刑事责任；尚不够刑事处罚的，依法给予行政处分；非法批准征收、征用、使用草原的文件无效。第六十五条规定，未经批准或者采取欺骗手段骗取批准，非法使用草原，构成犯罪的，依法追究刑事责任；尚不够刑事处罚的，由县级以上人民政府草原行政主管部门依据职权责令退还非法使用的草原，对违反草原保护建设利用规划擅自将草原改为建设用地的，限期拆除在非法使用的草原上新建的建筑物和其他设施，恢复草原植被，并处罚款。2012 年颁布实施的《最高人民法院关于审理破坏草原资源刑事案件应用法律若干问题的解释》，明确了非法使用草原以及国家机关工作人员非法批准征收、征用、使用草原等行为的定罪量刑标准。

各级草原行政主管部门和草原监督管理机构要强化属地管理责任，严格按照有关法律法规的要求，切实加大对非法征占用草原行为的查处力度。对未批先建等非法占用草原的建设项目，一经发现，立即责令建设单位停工，依法进行立案查处；涉嫌犯罪的，依法移送公安机关处理。对越权审批、违反法定程序审批等造成草原资源严重破坏的，要按照《党政领导干部生态环境损害责任追究办法（试行）》的规定，及时向相关部门反映，由相关部门依法追究审批机关和相关责任人的责任；对于违反党纪政纪的，要按照有关规定给予党纪政纪处分，构成犯罪的，要依法追究刑事责任。

三、完善申请材料，依法严格审核审批

各级草原行政主管部门必须严格按照规定受理和审核项目批件、草原权属证明、草原补偿及安置补助协议等征占用草原的申请材料，确保材料的完整性和真实性。材料不完善的，一律不得上报或审核同意。特别是对已经发生的非法征占用草原的建设项目，提出征占用草原申请的，申请材料还须附相关部门依法查处、草原植被得到恢复以及其他有关查处证明材料。报农业部审核审批的征占用草原申请，在现场查验环节发现涉嫌违法且无查处证明材料的，不予通过审核，并由农业部草原监理中心责成省级草原监督管理机构依法查处；情节严重涉嫌重大违法的，由农业部草原监理中心负责督办，指导地方进行查处。

农业部拟组织修订《草原征占用审核审批管理办法》，重点对已非法征占用草原的建设项目申请征占用草原的受理要求、材料要件、审批程序等进行补充完善。请各省（自治区、直辖市）认真研究，结合近年草原征占用审核审批管理工作实际情况，提出具体修改建议，于今年9月8日前以正式文件反馈农业部畜牧业司草原处和草原监理中心保护处，同时报送电子版。

联系方式如下。

（一）农业部畜牧业司草原处

电话：010—59193267、3203

传真：010—59192837

电子邮箱：xmjcych@ 163. com、xmjcych@ agri. gov. cn

（二）农业部草原监理中心保护处

电话：010—59193092、3041

传真：010—59191701

电子邮箱：cybhc2010@ 163. com

农业部办公厅

2017 年 6 月 13 日